KB274091

꿩먹고 알먹는
태국어 첫걸음

이 한우 지음

1945
문예림

꿩먹고 알먹는 **태국어** 첫걸음

초판인쇄 2009년 1월 20일
초판발행 2009년 1월 25일

지은이 이한우
발행인 서덕일

발행처 도서출판 문예림
　　　　주소　　　서울 광진구 군자동 1-13호 문예하우스 101호
　　　　전화　　　02-499-1281
　　　　팩스　　　02-499-1283
　　　　홈페이지　www.bookmoon.co.kr
　　　　이메일　　book1281@hanmail.net

출판등록 1962년 7월 12일 제2-110호
등록번호 ISBN : 978-89-7482-479-2

• 잘못된 책은 구입하신 서점에서 교환하여 드립니다.

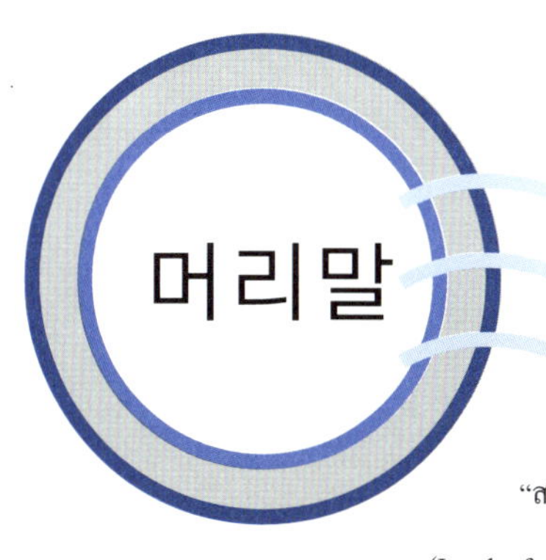

ประเทศไทยที่ตั้งอยู่ในส่วนกลางของทวีปเอเชียตะวันออก เฉียงใต้นั้นเราเรียกเป็นภาษาอังกฤษว่า "Thailand" อันหมายถึง "สยามเมืองยิ้ม" (Land of Smile) และเรียกเป็นภาษาไทยว่า เมืองไทย อันหมายถึง แผ่นดินอิสระ (Land of Freedom)

ประเทศไทย เป็นประเทศเดียวที่รักษาเอกราชมาตลอดในทวีปเอเชียตะวันออกเฉียงใต้ โดยนับตั้งแต่สมัยสุโขทัย สมัยอยุธยา สมัยธนบุรี และสมัยรัตนโกสินทร์ หรือเมืองไทยในปัจจุบัน ในอดีตประเทศไทยเคยใช้ภาษาขอมมาก่อน และได้มีการริเริ่มให้ใช้ภาษาไทยขึ้นในปี ค.ศ. 1283 โดยพ่อขุนรามคำแหงซึ่งทรงเป็นพระมหากษัตริย์องค์ที่ 3 ของสมัยสุโขทัย ด้วยความเชื่อว่าถ้าไม่มีภาษาเป็นของตัวเองแล้ว ทำให้มีความรู้สึกว่าประเทศไม่เป็นอิสระ จึงจำเป็นต้องมีภาษาเป็นของตนเองขึ้นใช้

เราจำเป็นต้องเรียนรู้ภาษาให้ได้ก่อนที่จะเข้าร่วมงานในสังคมไทย ผู้เขียนจึงแต่งหนังสือ "ก้าวแรกภาษาไทย" ที่ทุกคนสามารถเรียนรู้ได้ด้วยตัวเอง โดยแบ่งเนื้อหาออกเป็นสองภาค คือ ภาคที่หนึ่ง ประโยคภาษาไทยที่เป็นประโยคขั้นพื้นฐาน ภาคที่สอง การสนทนาภาษาไทยเชิงปฏิบัติ ตามลำดับ

ผู้เขียนหวังว่าหนังสือ "ก้าวแรกภาษาไทย"เล่มนี้ คงเป็นหนังสือนำทางที่ดีในการเรียนรู้ภาษาไทยให้ถูกต้อง และสุดท้ายนี้ขอขอบพระคุณท่านอาจารย์มนัญชยา เนตรพุกกณะ .และสุดท้ายนี้ขอขอบพระคุณท่านอาจารย์เสถียร แป้นเหลือ และท่านอาจารย์มนัญชยา เนตรพุกกณะ ตลอดจนท่านประธาน ซอ ดอกิล แห่งโรงพิมพ์หนังสือมุนเยริม ที่ให้ความร่วมมืออย่างเต็มที่ในการจัดพิมพ์ หนังสือเล่มนี้

มกราคม 2552

ผู้เขียน

동남아시아대륙의 중앙에 위치해 있는 태국은 우선 영어로는 "미소의 나라"(Land of Smile)라는 뜻을 소지하고 있는 "타이랜드"(Thailand)라고 부르고, 태국어로는 "자유의 나라"(Land of Freedom)라는 뜻을 소지하고 있는 "므엉타이"(เมืองไทย)라고 부른다.

태국은 초대쑤코타이왕국시대와 아유타야왕국시대 및 톤부리왕국시대를 거쳐 현 랏따나꼬씬왕국시대인 타이왕국시대에 이르기까지 동남아시아 대륙에서는 유일한 자유독립국가로 정착되어온 나라이다. 또한 태국은 초대 쑤코타이 왕국의 제 3대 람캄행대왕이 그 동안 컴어를 사용해 내려오다가 "자국어가 없는 한 비독립국가의 인상이 있으므로 반드시 자필어가 있어야 한다."라는 신념하에 1283년에 타이어 문자를 창조하여 오늘날까지 사용해 내려오고 있다.

이와 같이 동남아시아 대륙의 중앙에 위치해 있으면서 고유한 자국어를 소지하고 있는 태국사회에 진출하여 첫발을 내 디디는 데에는 그 무엇보다도 먼저 절실히 요구되고 있는 것 가운데 하나가 바로 현지어인 태국어를 습득하는 것이다. 이에 본저자는 그 누구도 혼자서 태국어를 익힐 수 있는 "꿩먹고 알먹는 태국어 첫걸음"이라는 태국어 회화 교재를 테이프와 겸비해서 단계적으로 상세히 저술하게 되었다.

본저자는 모쪼록 이 "꿩먹고 알먹는 태국어 첫걸음"이 태국어 회화를 공부하고자 하는 제반 독자에게 올바른 길잡이가 되길 바라는 마음 그지없다. 끝으로 이 책을 집필하는데 큰 도움을 주신 태국의 싸티얀 뻰르어 교수님, 마난차야 넷푹까나 교수님 그리고 문예림 출판사의 서덕일 사장님께 깊은 감사를 드린다.

2009년 1월

지은이 씀

본 저서는 2008년도 한국외국어대학교 학술연구조성비에 의해 저술되었습니다.

contents

THAILAND
เมืองไทย

ภาคที่ 1 ประโยคภาษาไทยขั้นพื้นฐาน

제 1 부 기본 태국어 문장

บทที่ 1 ตัวอักษรภาษาไทย

태국어 문자

1.자음문자 : 42자

차례	문자	명칭	초자음 음가	종자음 음가
1	ก	꺼 – 까이	ㄲ	ㄱ
2	ข	커– 카이	ㅋ	ㄱ
3	ค	커–콰–이	ㅋ	ㄱ
4	ฆ	커–라– 캉	ㅋ	ㄱ
5	ง	응어–응우–	Ng	ㅇ
6	จ	쩌–짜–ㄴ	ㅉ	ㄷ
7	ฉ	처–칭	ㅊ	–
8	ช	처–차–ㅇ	ㅊ	ㄷ
9	ซ	써– 쏘–	ㅆ	ㄷ
10	ฌ	처– 츠ㅓ–	ㅊ	–
11	ญ	여–잉	Y	ㄴ
12	ฎ	더–차 다–	D	ㄷ
13	ฏ	떠–빠 딱	ㄸ	ㄷ
14	ฐ	터–타–ㄴ	ㅌ	ㄷ
15	ฑ	터–몬토–	ㅌ	ㄷ
16	ฒ	터–푸– 타오	ㅌ	ㄷ
17	ณ	너–네–ㄴ	ㄴ	ㄴ
18	ด	더–덱	D	ㄷ
19	ต	떠–따오	ㄸ	ㄷ
20	ถ	터–퉁	ㅌ	ㄷ
21	ท	터–타 하–ㄴ	ㅌ	ㄷ
22	ธ	터–통	ㅌ	ㄷ
23	น	너–누	ㄴ	ㄴ
24	บ	버–바이마이	B	ㅂ
25	ป	뻐–쁠라–	ㅃ	ㅂ

26	ผ	퍼–ఫ픙	ㅍ	–
27	ฝ	훠–화–	F	–
28	พ	퍼–파–ㄴ	ㅍ	ㅂ
29	ฟ	훠–환	F	ㅂ
30	ภ	퍼–쌈파오	ㅍ	ㅂ
31	ม	머–마–	ㅁ	ㅁ
32	ย	여–약	Y	이
33	ร	러–르–어	R	ㄴ
34	ล	러–링	L	ㄴ
35	ว	워–왜–ㄴ	W	오
36	ศ	써–싸–ㄹ라–	ㅆ	ㄷ
37	ษ	써–르–씨–	ㅆ	ㄷ
38	ส	써–쓰–어	ㅆ	ㄷ
39	ห	허–히–ㅂ	ㅎ	–
40	ฬ	러–쭐라–	ㄹ	ㄴ
41	อ	어–아–ㅇ	O	–
42	ฮ	허–녹 후–ㄱ	ㅎ	–

1)고자음 : 10자

ข   ฉ   ฐ   ถ   ผ   ฝ   ศ   ษ   ส   ห

2)중자음 : 9자

ก   จ   ฎ   ฏ   ด   ต   บ   ป   อ

3)저자음 : 23자

ค   ฅ   ง   ช   ซ   ฌ   ญ   ฑ   ฒ   ณ   ท

ธ   น   พ   ฟ   ภ   ม   ย   ร   ล   ว   ฬ   ฮ

2.모음문자 : 28자 ("–"는 자음의 위치)

1)장모음 : 12자

모음	음가	설명
– า	아–	
ี	이–	
ื	으–	받침이 없으면 "–ือ" 로 쓴다.
ู	우–	
เ –	에–	
แ –	애–	
โ –	오–	
– อ	어–	
ัว	우–어	받침이 있으면 "– ว–" 로 쓴다.
เ – ีย	이–야	
เ – ือ	으–어	
เ – อ	으어–	받침이 있으면 "เ – ิ –"로 쓴다.

2)단모음 : 12자

모음	음가	설명
–ะ	(아)	받침이 있으면 "ั –" 로 쓴다.
ิ	(이)	
ึ	(으)	
ุ	(우)	
เ – ะ	(에)	받침이 있으면 "เ็ – –" 로 쓴다.
แ – ะ	(애)	받침이 있으면 "แ็ – –" 로 쓴다.
โ – ะ	(오)	받침이 있으면 이 모음이 없어지고 자음 두자만 쓴다.
เ – าะ	(어)	
ัวะ	(우어)	
เ – ียะ	(이야)	
เ – ือะ	(으어)	
เ – อะ	(으어)	

3) 중모음 : 4자

ไ –	아이
ใ –	아이
เ – า	아오
–ํา	암

3. 음절문자 : 2자

ฤ (르 , 리,르어)

ฦ (르–)

4.결합자음

결합자음은 두개의 자음이 단독모음과 결합하는 자음으로, 태국어의 결합자음에는 복합자음과 선도자음이 있다.

1) 복합자음

복합자음은 두번째 오는 자음이 "ร ล ว" 으로 이어지는 결합자음으로, 그 자음과 자음 사이에 "으" 를 넣어서 단음절로 발음하는 가실복합자음과 두번째 오는 자음 "ร" 가 묵음이 되거나 "ท" 과 "ร" 가 결합차여 "ซ"로 발음하고 , 또 어형은 복합자음 이지만 선도자음으로 발음하는 불실 복합자음이 있다.

가실복합자음

ครู[크루–] : 다교사   กลาง[끌라–ㅇ] : 가운데

ขวา[콰–] : 오른쪽

불실복합자음

จริง[찡] : 정말로   ทราย[싸–이] : 모래

จราจร[짜라–쩌–ㄴ] : 교통

2) 선도자음

선도자음은 두번째 오는 자음이 "ร ล ว"을 제외한 나머지 자음으로 이어지는 결합자음으로, 그 자음과 자음사이에 단모음 "아" 를 넣어서 두음질을 발음하는 가실선도자음과 "ห"다음에 "อ"를 제외한 나머지 생자음을 동반할때 그 생자음을 고자음화시키고 "ห"은 묵음이 되며, 또 "อ" 다음에 "ย"을 동반하면 그 "ย"을 중자음화시키고 "อ"은

묵음이 되는 불실선도자음이 있다.

가실선도자음

สภา[싸파-] : 의회　　　　**ธนาคาร**[타 나-카-ㄴ] : 은행

ชนะ[차나] : 승리하다

불실선도자음

หนา[나-] : 두껍다　　　　**หนัก**[낙] : 무겁다

อยาก[야-ㄱ] : ~하고 싶다

5.성조부호문자 : 4자

่　[마이 에-ㄱ]

้　[마이 토-]

๊　[마이 뜨리-]

๋　[마이 짯따와-]

6.기본숫자문자

๑	능	1
๒	써-ㅇ	2
๓	싸-ㅁ	3
๔	씨-	4
๕	하-	5
๖	혹	6
๗	쩻	7
๘	빼-ㅅ	8
๙	까오	9
๑๐	씹	10

7.묵음부호문자

[까-ㄴ] : 한 자음문자위에 이 묵음부호문자가 있으면 그 자음문자는 발음하지 않는다.

สัตว์ [싿] : 동물

8.약어부호문자

1) ฯ : [빠이 야-ㄴ 너-이] 음절이 다소 긴 단어의 음절수를 줄여쓰고 싶을때 사용한다.

กรุงเทพฯ[끄룽 테-ㅂ] : 방콕

2) ฯลฯ [빠이 야-ㄴ 야이] : 우리나라 말의 "등등" 이라는 단어와 동일한 뜻을 소지하고 있는 약어부호문자로 우리는 이를 "뻴돈" 이라고 발음한다.

นา ไร่ ฯลฯ [나- 라이 뻴돈] : 논, 밭 등등

3) ฯพณฯ [파나타-ㄴ] : 우리나라 말의 "각하" 와 동일한 약어부호문자 이다.

ฯพณฯ ประธานาธิบดี [파나 타-ㄴ 쁘라타-다 티 바디-] : 대통령각하

4) ๆ [마이 야 묵] : 문장에 있는 단어를 두번 반복해서 발음하여 그 뜻을 강조하고 싶을때 사용하는 약어부호 문자로, 이때에 첫번째는 항상 단모음 평성으로 발음하고 두번째는 원래의 성조대로 발음한다.

สวย ๆ [쑤워이 쑤-워이] : 아주 예쁘다

9.약자부호 문자

. [쫏] : 긴단어를 간략하게 문자로 줄여 쓰는데 사용하는 부호문자로 , 이 약자부호 문자를 읽을때에는 그 원래의 단어 그대로 발음한다.

ก.ท.ม. [끄룽 테-ㅂ 마 하-나 커-ㄴ] : 방콕

10.문자의 음

태국어의 문자는 울리는 음을 기준으로 다음과 같이 크게 생음과 사음으로 분류한다.

1)생음

생음은 음성이 중간에 막히지 않고 그대로 이어지는 개방음절로, 태국어 기본문자의 생음에는 생자음 문자 11자와 생모음 문자 16자가 있다.

(1)생자음 문자 : 11자

ง ญ ณ น ม ย ร ล ว พ อ

(2)생모음 문자 : 16자

① 장모음 문자 : 12자

-า ◌ี ◌ื ◌ู เ- แ- โ- -อ ◌ัว เ-ีย เ-ือ เ-อ

② 중모음 문자 : 4자

ใ- ไ- เ-า ◌ำ

2)사음

사음은 음성이 중간에 막혀 끊어지는 폐쇄음절로, 태국어 기본문자의 사음에는 사자음 문자 31자와 사모음 문자 12자가 있다.

① 사자음 문자 : 31자

ก ข ค ฆ ง ฉ ช ซ ฌ ฎ ฏ ฐ ฑ ฒ ด ต ถ ท ธ
บ ป ผ ฝ พ ฟ ภ ศ ษ ส ห ฮ

②사모음 문자 : 12자

-ะ ◌ิ ◌ึ ◌ุ เ-ะ แ-ะ โ-ะ

◌ัวะ เ-ียะ เ-ือะ เ-อะ เ-าะ

บทที่ 2 วิธีการออกเสียงวรรณยุกต์ภาษาไทย
태국어의 성조법

성조법은 한 단어의 각 음절에 갖추어진 음성의 높낮이를 표시하는 성조를 결정하는 규칙으로, 태국어의 성조법에는 성조부호를 사용하지 않는 무형성조법과 성조부호를 사용하는 유형성조법과 같이 모두 2가지의 종류가 있다.그리고 태국어의 성조에는 아무런 율동없이 보통음성 그대로 발음하는 평성 (‾)과 보통음성에서 점차 낮게 내려 뽑어 발음하는 1성(ˋ), 보통음성에서 점차 높게 올려 뽑어 발음하는 2성(ˆ), 보통음성에서 점차 높게 올려 삼켜 발음하는 3성 (ˊ) 및 보통음성의 상.하를 약간 율동성 있게 오르내려 발음하는 4성 (ˇ)과 같이 모두 5개의 성조가 있다.

1.무형성조법

1)고자음 + 생음 = 4성

หา[하-] : 찾다　　　　เสีย[씨-야] : 상하다

ฝน [혼] : 비　　　　เขียน[키-얀] : 쓰다

ผอม[퍼-ㅁ] : 날씬하다

2)중자음,저자음 + 생음 = 평성

ไป[빠이] : 가다　　　　นา[나-] : 논

จอง[쩡-어] : 예약하다　　　　ลืม[르-ㅁ] : 잊다

ดิน[틴] : 흙　　　　มือ[므-] : 손

ตา[따-] : 눈　　　　มัน[만] : 그것

เดือน[드-언] : 달　　　　เมือง [므- 엉] : 도시

3)고자음 ,중자음 + 사음 = 1성

เหาะ[허] : 날아오르다　　　　ฝุ[푸] : 부패하다

สอบ[써-ㅂ] : 시험보다　　　　เผ็ด[펫]: 맵다

แขก[캐-ㄱ] : 손님　　　　จะ[짜] : ~일 것이다

เตะ[떼] : 차다　　　　　　　　ปาก[빠-ㄱ] : 입

แจก[째-ㄱ] : 나눠주다　　　　ตก[똑] : 떨어지다

4)저자음 + 사음 (단모음, 단모음 + 사자음) = 3성

และ[래] : 그리고　　　　　　รัก[락] : 사랑하다

เคาะ[커] : 두드리다　　　　　นก[녹] : 새

แคะ[캐] : 후비다　　　　　　คิด[킷] : 생각하다

แวะ[왜] : 들르다　　　　　　พบ[폽] : 만나다

ละ[라] : ~마다　　　　　　　คัด[캇] : 선택하다

5)저자음+사음 (장모음+사자음)=2성

มีด[미-ㅅ] : 칼　　　　　　　แคบ[캐-ㅂ] : 좁다

เรียก[리-약] : 부르다　　　　พืช[프-ㅅ] : 식물

เลือก[르-럭] : 선택하다

2.유형성조법

1)고자음, 중자음+ " ́ " = 1성

ข่าว[카-오] : 뉴스　　　　　　แต่[때-] : 그러나

ผ่าน[파-ㄴ] : 통과하다　　　อ่าน[아-ㄴ] : 읽다

ห่าง[하-ㅇ] : 떨어져 있다　　ป่า[빠-] : 숲

ห่อ[허-] : 포장하다　　　　　ต่ำ[땀] : 낮다

ส่ง[쏭] : 보내다　　　　　　เก่ง[께-ㅇ] : 잘하다

2)저자음 + " ́ " = 2 성

ชื่อ[츠-] : 이름　　　　　　　นั่ง[낭] : 앉다

พ่อ[퍼-] : 아버지　　　　　　แม่[매-] : 어머니

ค่า[카-] : 가치

3)고자음,중자음+ " ̌ "=2성

ข้าว[카̂-오] : 밥   ต้อง[떠̂-ㅇ] : ~해야 하다

ให้[하̂이] : 주다   จ้าง[짜̂-ㅇ] : 고용하다

ข้าม[카̂-ㅁ] : 건너다   ต้ม[똠] : 끓이다

ห้อง[허̂-ㅇ] : 방   กุ้ง[꿍] : 새우

เสื้อ[쓰̂-어] : 옷   เก้า[까̂오] : 아홉

4)저자음+ " ̌ "=3 성

ร้อน[러́-ㄴ] : 덥다   ไม้[마́이] : 나무

เท้า[타́오] : 발   ซื้อ[쓰́-] : 사다

ใช้[차́이] : 사용하다

5)중자 + " ̌ "=3 성

กก[꼭] : 나라   เจ็ง[쩨́-ㅇ] : 패배하다

กุ๊ก[꾹] : 요리사   โต๊ะ[또] : 상

เปี๊ยก[삐́-약] : 작다

6)중자음 + " ̂ " = 4 성

ตั๋ว[뚜̌-어) : 표   ปุ๋ย[뿌̌이] : 비료

บ๋อย[버̌-이] : 보이   จ๋า[짜̌-] : 네

ก๋วยเตี๋ยว[꾸̌-워이 띠-야̌오] : 쌀국수

บทที่ 3 ประโยคภาษาไทย
태국어의 문장

1.문장형식

    태국어의 기본문장형식에는 다음과 같이 모두 5가지의 형식이 있는 가운데 해당 단어를 일체의 어형변화 없이 그대로 배열해 나간다. 그리고 이 기본문장형식의 각 단어에 수식어가 있으면 일부 이를 강조하기 위하여 문두에 배열하기도 하지만 일반적으로 문미에 배열하는 동사수식어를 제외하고 대부분의 수식어는 그것이 수식하는 주어와 보어 및 목적어의 뒤에 붙여서 배열해 나간다.

1)제 1 형식 : 주어 + 완전자동사 (또는 준동사인 수식사)

예문 ใครมา

크라이 마-
누가 와요 ?

เขาฉลาด

카오 찰라-ㅅ
그는 영리하다.

ที่ไหนสวย

티- 나이 쑤-워이

어디가 예뻐요?

สุนัขตัวนี้วิ่งเร็ว

쑤낙 뚜-어 니- 윙 레오
이 개는 빨리 달린다.

น้องชายของเราฉลาดมาก

너-ㅇ 차-이 커-ㅇ 라오 찰라-ㅅ 마-ㄱ
우리 남동생은 아주 영리하다.

2)제2형식 : 주어+불완전 자동사+보어

예문 คุณเหมือนคนไทย

쿤 므-언 콘 타-이
당신은 태국사람 같다.

ท่านคืออาจารย์คิม

타-ㄴ 크- 아-짜-ㄴ 킴

그 분이 바로 김교수이다.

ลูกเท่าพ่อ

루-ㄱ 타오 퍼-

자식이 아버지 만하다.

ลูกสาวคนโตคล้ายแม่เขามาก

루-ㄱ 싸-오 콘 또- 클라-이 매- 카오 마-ㄱ

장녀는 아주 그의 어머니 비슷하다.

เพื่อนเราเป็นนักศึกษาที่ขยันมาก

프-언 라오 뻰 낙 쓱 싸-티- 카얀 마-ㄱ

우리 친구는 아주 부지런한 대학생이다.

3)제3형식 : 주어 + 완전타동사 + 목적어

ม้าขนสินค้า

마- 콘 씬 카-

말이 상품을 운송한다.

วัวไถนา

우-어 타이 나-

소는 논을 간다.

ครูสอนนักเรียน

크루- 싸-ㄴ 낙 리-얀

선생은 학생을 가르친다.

ยุงตัวโตกัดแขนซ้าย

융 뚜-어 또- 깟 캐-ㄴ 싸-이

큰 모기가 왼팔을 문다.

นาฬิกาปลุกตอนหกโมงเช้าทุกวัน

나-리 까- 쁠룩 떠-ㄴ 혹 모-ㅇ 차 오 툭완

자명종시계가 매일 아침 6시를 친다.

4)제4형식 : 주어 + 복합동사 + 직접목적어 + 간접목적어

พนักงานเติมน้ำมันรถ

파 낙 응아-ㄴ 뜨ㅓ-ㅁ 남 만 롯

직원이 차에 기름을 넣는다

นักเรียนถามปัญหาครู

낙 리- 얀 타-ㅁ 빤하- 크루-
학생이 선생님께 문제를 질의한다.

พ่อแม่ให้ของขวัญวันเกิดลูก
퍼-매- 하이 커-ㅇ 콴 완 끄ㅓ-ㄷ 루-ㄱ
부모가 자식에게 생일선물을 준다.

ประธานเลี้ยงอาหารพนักงาน
쁘라타-ㄴ 리-양 아-하-ㄴ 파 낙 응아-ㄴ
사장이 직원에게 식사를 대접한다.

ครูตอบปัญหาลูกศิษย์
크루- 떠-ㅂ 빤 하- 루-ㄱ 씻
선생님은 제자에게 질물을 대답한다.

5)제5형식 : 주어+주어수식어+ 완전타동사 + 목적어 + 목적어 수식어 +동사수식어

ประชาชนทุกคนควรรักชาติของเราตลอดไป
쁘라차-촌 툭 콘 쿠-언 락 차-ㅅ 컹-ㅇ 라오 딸러-ㅅ 빠이
모든 국민은 우리나라를 꾸준히 사랑해야 한다.

แม่ค้าคนสวยขายสินค้าใหม่ในตลาด
매-카- 콘 쑤-워이 카-이 씬카 마이 나이 딸라-ㅅ
예쁜 여자상인이 시장에서 신상품을 판다.

รถบรรทุกคันหนึ่งชนรถส่วนตัวหลายคันริมถนน
롯반툭 칸능 촌 롯 쑤-언 뚜-어 라-이 칸 림 타논
한 자동차가 길가에서 여러대의 자가용차를 들이 받았다.

พ่อแม่ทุกคนย่อมรักลูกของตนมากที่สุด
퍼-매- 툭 콘 여-ㅁ 락 루-ㄱ 커-ㅇ 똔 마-ㄱ 티-쑷
모든 부모는 의당히 자신의 자식을 가장 사랑하기 마련이다.

เพื่อนเราใส่เสื้อสวยทุกวัน
프-언 라오 싸이 쓰-어 쑤-워이 툭 완
우리 친구는 매일 예쁜 옷을 입는다.

2.문장양식

태국어의 문장양식에는 그 의미상으로 다음과 같이 서술문과 부정문, 의문문, 명령문 및 감탄문 처럼 모두 5가지의 종류가 있다.

1)서술문

서술문은 어떤 사실을 있는 그대로 설명하는 문장으로, 태국어의 서술문은 바로 위에서

서술해온 기본 문장형식에 맞게 해당 단어를 배열해 나가면 된다.

เครื่องบินลำนั้นตกเมื่อไร

크르-엉빈 람난 똑 므-어 라이
그 비행기는 언제 추락했어요 ?

เขาเป็นทนายความ

카오 뻰 타 나-이 콰-ㅁ
그는 변호사이다.

ตำรวจดูแลประชาชนเสมอ

땀루-엇 두- 래- 쁘라 차-촌 싸-므ㅓ-
경찰은 항상 국민을 돌본다.

อาจารย์คนไทยสอนภาษาไทยเราทุกวัน

아-짜-ㄴ 콘 타이 써-ㄴ 파-싸-타이 라오 툭 완
태국교수는 우리에게 매일 태국어를 가르친다.

นักศึกษาคนนั้นยืมหนังสือห้องสมุดทุกสัปดาห์

낙 쓱싸- 콘난 이으-ㅁ 낭쓰- 허-ㅇ 싸뭇 툭 쌉다-
그 대학생은 매주 도서관 책을 빌린다.

2)부정문

부정문은 어떤 사실을 부정하는 문장으로, 태국어의 부정문에는 단어를 부정할때에 "ไม่" 나 "มิ" 등과 같은 부정진술 수식사를 부정하고자 하는 동사나 수식사 앞에 배열하고, 문장전체를 부정응답할때에 "เปล่า" (아니오)라는 부정진술 수식사를 사용한다.

เขาไม่ไปทำงานวันนี้

카오 마이 빠이 탐응아-ㄴ 완니-
그는 오늘 일하러 가지 않는다.

เขาทำกับข้าวไม่อร่อย

카오 탐 깝카-오 마이 아러-이
그는 반찬을 맛없게 만든다.

มันหาคุณค่าไม่ได้

만하- 쿤나 카- 마이 다이
그것은 가치를 찾을 수 없다.

เขามิควรอดอาหารเช่นนั้น

카오 미 쿠-언 옷 아-하-ㄴ 체-ㄴ 난
그는 그렇게 음식을 굶지 말아야 한다.

เปล่า (ฉันมีเงินใช้ไม่พอ)
쁠라오 (찬˘ 미 응어–ㄴ 차˘ 이 마이 퍼–)
아니오 (나는 용돈이 충분하지 않아요.)

3)의문문

의문문은 어떠한 사실을 묻는문장으로, 태국어의 의문문에는 "ใคร" (누구), "อะไร" (무엇), "ที่ไหน" (어디) 등과 같은 의문대명사를 대명사 위치에 배열하고 "เมื่อไร" (언제), "ทำไม" (왜), "อย่างไร" (어떻게), "เท่าไร" (얼마), "ไหน" (어느), "กี่" (몇) 등과 같은 의문수식사를 수식사 위치에 배열하며, "ไหม" (–이요?), "หรือ" (~이요,아니요?), "ใช่ไหม" (~이지요?) 등과 같은 의문수식사를 문미에 배열한다.

예문 ผู้ชายคนนั้นเป็นใคร
푸–차–이 콘난 뻰크라이
그 남자는 누구예요 ?

ขอโทษ คุณชื่ออะไร
커– 토–ㅅ 쿤 츠– 아라이
미안하지만 이름이 무엇이에요?

เมื่อวานนี้คุณไปที่ไหนมา
므–어 와–ㄴ 니– 쿤 빠이 티–나이 마–
어제 당신은 어디에 갔다 왔어요 ?

คุณจะซื้อรถเมื่อไร
쿤 짜 쓰–롯 므–어 라이
당신은 언제 차를 살 거예요 ?

คุณใส่แว่นตาทำไม
쿤 싸이 왜–ㄴ 따– 탐 마이
당신은 왜 안경을 써요 ?

คุณมาที่นี่ได้อย่างไร
쿤 마– 티–니– 다이 야–ㅇ 라이
당신은 여기에 어떻게 올 수 있었어요?

คุณได้เตรียมเงินไว้มากเท่าไร
쿤 다이 뜨리–암 응어–ㄴ 와이 마–ㄱ 타오 라이
당신은 돈을 얼마나 많이 준비해 두었어요?

สินค้าชนิดใดดีที่สุดในตลาดนี้
씬카– 차닛 다이 디–티– 쏫 나이 딸라–ㅅ 니–
이 시장에서 어느 종류의 상품이 제일 좋아요 ?

คุณมีหนังสือภาษาไทยทั้งหมดกี่เล่ม

쿤 미- 낭 쓰- 파-싸-타이 탕 못 끼- 레-ㅁ

당신은 모두 몇 권의 태국어 책을 갖고 있어요 ?

คุณชอบหนังสือเล่มนี้ไหม

쿤 처-ㅂ 낭 쓰- 레-ㅁ 니- 마이

당신은 이 책을 좋아해요 ?

คุณทำการบ้านเสร็จแล้วหรือ

쿤 탐 까-ㄴ 바-ㄴ 쎗 래-오 르-

당신은 숙제를 다 했어요 ?

คุณเป็นนักธุรกิจใช่ไหม

쿤 뻰 낙 투 라 낏 차이 마이

당신은 사업가 이지요 ?

4) 명령문

　명령문은 상대방에게 어떠한 업무수행을 지시하는 문장으로, 태국어의 명령문에는 주어인 2인칭 대명사를 생략한 가운데 해당 명령문 조동사를 문두에 사용한다.

จงเติมคำลงในช่องว่างต่อไปนี้

쫑 뜨어-ㅁ 캄 롱 나이 처-ㅇ 와-ㅇ 떠- 빠이 니-

다음 빈칸에 단어를 넣으시오.

โปรดใช้ความอดทนในการเรียนหนังสือ

쁘로-ㅅ 차 이 콰-ㅁ 옷 톤 나이 까-ㄴ 리-얀 낭 쓰-

공부하는데 인내심을 사용하십시오.

กรุณาวางกระเป๋าเดินทางไว้บนโต๊ะนี้

까루 나- 와-ㅇ 끄라빠오 더어-ㄴ 타-ㅇ 와 이 본 또니-

이 상위에 여행가방을 놓아 두십시오.

เชิญนั่งตามสบาย

츠어-ㄴ 낭 따-ㅁ 싸바-이

편안히 앉으세요.

ช่วยดูแลลูกหลานของเราให้ดีหน่อย

추-어이 두-래- 루-ㄱ 라-ㄴ 커-ㅇ 라오 하이 디- 너-이

우리 자손을 잘 좀 보살펴 줘요.

เปิดประตูซิ

쁘어-ㅅ 쁘라 뚜-씨

문 열어!

กินข้าวเสีย
낀 카^-오 씨^-야
밥 먹어!

ใช้หนี้เสียที
차^ 이 니^- 씨^-야 티^-
빚 갚아!

อย่าพูดโกหก
야^-푸^-ㅅ 꼬^- 혹
거짓말 하지마!

ห้ามสูบบุหรี่
하^-ㅁ 쑤^-ㅂ 부리^-
금연!

5) 감탄문

감탄문은 어떠한 사실을 보고 느낀대로 표현하는 문장으로, 태국어의 감탄문에는 문두에 마음속에 느끼는 각종 감탄사를 사용한다.

ไชโย ทีมของเราได้รางวัลที่หนึ่งแล้ว
차이 요-티^-ㅁ 커^-ㅇ 라오 다^이 라^-ㅇ 완 티^- 능 래^-오
만세 ! 우리팀이 우승했다!

อุย ตกใจ
우^ 이 똑짜이
이이 깜짝이야 !

ตายจริง ลืมของไว้ที่บ้าน
따^-이 찡 르^-ㅁ 커^-ㅇ 와^이 티^- 바^-ㄴ
아이구 ! 물건을 집에 두고 왔네!

เอะ นี่เสียงอะไร
에 니^- 씨^-양 아라이
에! 이게 무슨 소리지 ?

ภาคที่ 2 การสนทนาภาษาไทยเชิงปฏิบัติ

제2부 실용 태국어 회화

การถาม – ตอบ
질의 응답

คุณพูดภาษาไทยเป็นไหมครับ
쿤 푸̂-ㅅ 파̄-싸̌- 타이 뻰 마̂이 크랍

ดิฉันพูดภาษาไทยไม่เป็นค่ะ
디찬 푸̂-ㅅ 파̄-싸̌-타이 마̂이 뻰 카̂

คุณเคยไปเมืองไทยมาแล้วหรือครับ
쿤 크ㅓ̄-이 빠이 므̄-엉 타이 마̄-래̂-오 르̌- 크랍

ดิฉันยังไม่เคยไปเมืองไทยค่ะ
디찬 양 마̂이 크ㅓ̄-이 빠이 므̄-엉 타이 카̂

คุณจะดื่มเหล้าหรือไม่ครับ
쿤 짜 드̀-ㅁ 라̂오 르̌- 마̂이 크랍

ดิฉันดื่มเหล้าไม่เป็นค่ะ
디찬 드̀-ㅁ 라̂-오 마̂이 뻰 카̂

คุณทานอาหารกลางวันแล้วหรือยังครับ
쿤 타-ㄴ 아̄-하̌-ㄴ 끌라-ㅇ 완래̂-오 르̌- 양 크랍

ยังค่ะ
양카̂

คุณเตรียมหนังสือเดินทางไว้หรือเปล่าครับ
쿤 뜨리̄-얌 낭 쓰̌-드ㅓ̄-ㄴ 타-ㅇ 와이 르̌-쁠라오 크랍

เปล่าค่ะ ดิฉันยังไม่ได้เตรียมค่ะ
쁠라̀오 카̂ 디찬 양 마̂이 다̂이 뜨리̄-얌 카̂

คุณเป็นคนเกาหลีใช่ไหมครับ
쿤 뻰 콘 까올리̌-차̂이 마̂이 크랍

ใช่ค่ะ
차이 카

ผู้หญิงคนนั้นคือใครครับ
푸-잉 콘난 크-크라이 크랍

ผู้หญิงคนนั้นคือนางพยาบาลค่ะ
푸-잉 콘난 크- 나-ㅇ 파 야-바-ㄴ 카

คุณชอบทานอะไรครับ
쿤 처-ㅂ 타-ㄴ 아라이 크랍

ดิฉันชอบทานผลไม้ค่ะ
디찬 처-ㅂ 타-ㄴ 폰라 마이 카

คุณอยากไปที่ไหนครับ
쿤 야-ㄱ 빠이 티 나이 크랍

ดิฉันอยากไปเมืองไทยค่ะ
디찬 야-ㄱ 빠이 므-엉 타이 카

คุณจะแต่งงานเมื่อไรครับ
쿤 짜 때-ㅇ 응아-ㄴ 므-어라이 크랍

ยังไม่แน่นอนค่ะ
양 마이 내-너-ㄴ 카

คุณมาที่นี่ได้อย่างไรครับ
쿤 마-티-니 다이 야-ㅇ 라이 크랍

นั่งแท็กซี่มาค่ะ
낭 택 씨- 마-카

ทำไมคุณไม่ดื่มกาแฟครับ
탐 마이 쿤 마이 드-ㅁ 까-홰- 크랍

ดิฉันดื่มกาแฟไม่เป็นค่ะ
디찬 드-ㅁ 까-홰- 마이 뻰 카

คุณจะเลือกอันไหนครับ
쿤 짜 르-억 안 나이 크랍

ดิฉันจะเลือกอันนี้ค่ะ
디찬 짜 르-억 안니-카

คุณมีเงินมากเท่าไรครับ
쿤 미- 응어-ㄴ 마-ㄱ 타오라이 크랍

ประมาณสามหมื่นวอนค่ะ
쁘라 마-ㄴ 싸-ㅁ 므-ㄴ 워-ㄴ 카

ครอบครัวของคุณทั้งหมดมีกี่คนครับ
크러-ㅂ 크루-어 커-ㅇ 쿤 미- 탕 못 끼- 콘 크랍

5 คนค่ะ
하-콘 카

ขอบคุณครับที่ตอบคำถามให้หมด
커-ㅂ 쿤 크랍 티- 떠-ㅂ 캄 타-ㅁ 하이 못

ไม่เป็นไรค่ะ
마이 뻰라이카

당신은 태국말을 할 줄 알아요 ?
나는 태국말을 할 줄 몰라요.
당신은 태국에 갔다온 적이 있어요 ?
나는 아직 태국에 갔다온 적이 없어요.
당신은 음주할래요, 안 할래요 ?
나는 음주할 줄 몰라요.
당신은 점심식사 했어요, 아직요 ?
아직요
당신은 여권을 준비해 두었어요 ?
아니오, 나는 아직 준비하지 않았어요.
당신은 한국사람이지요 ?
그래요.
그 여자는 누구예요 ?
그 여자는 간호사예요.
당신은 무엇을 즐겨 먹어요 ?
나는 과일을 즐겨 먹어요.
당신은 어디에 가고 싶어요 ?
나는 태국에 가고 싶어요.
당신은 언제 결혼할 거예요 ?
아직 확실하지 않아요.
당신은 여기에 어떻게 왔어요 ?
택시 타고 왔어요.
당신은 왜 커피를 안 마셔요 ?
나는 커피를 마실 줄 몰라요.
당신은 어느것을 고르겠어요 ?

나는 이 것을 고르겠어요.
당신은 돈을 얼마나 많이 갖고 있어요 ?
약 3만원요.
당신의 가족은 모두 몇 명이에요 ?
5명이에요.
모든 질문에 답변해 주어 고마워요.
천만에요.

단 어 와 숙 어 익 히 기

ไหม [마이]	~이에요 ?
หรือ [르-]	~이요 ?
ใช่ไหม [차이 마이]	~이지요 ?
ใคร [크라이]	누구
อะไร [아 라이]	무엇
ที่ไหน [티-나이]	어디
ทำไม [탐마이]	왜
ใด(ไหน) [다이 (나이)]	어느
เท่าไร(เท่าใด) [타오 라이 (타오 다이)]	얼마
เมื่อไร(เมื่อใด) [므-어 라이 (므-어다이)]	언제
อย่างไร [야-ㅇ 라이]	어떻게
กี่ [끼-]	몇
พูด [푸-ㅅ]	말하다
เคย [크어-이]	~한 적이 있다
ดื่ม [드-ㅁ]	마시다
กลืน [끌르-ㄴ]	삼키다
เตรียม [뜨리-얌]	준비하다
หนังสือเดินทาง [낭쓰- 드어-ㄴ 타-ㅇ]	여권
แต่งงาน [때-ㅇ 응아-ㄴ]	결혼하다
เหล้า [라오]	술
เลือก [르-억]	고르다

문 법 배 우 기

질의-응답문

1)질의문

(1)의문대명사 "อะไร" (무엇)," ใคร" (누구)," (ที่)ไหน" (어디)를 본연의 대명사 위치에 배열한다.

　คุณอยากเป็นอะไร

쿤 야̀-ㄱ 뻰 아라̀이

당신은 무엇이 되고 싶어요 ?

　อะไรเป็นสาเหตุของเหตุการณ์นั้น

아̀라이 뻰 싸-헤̀-ㅅ 커̌-ㅇ 헤̀-ㅅ 까-ㄴ 난̂

무엇이 그 사건의 원인이에요 ?

　วันนี้คุณนัดพบใคร

완니̂- 쿤 낫̀ 폽 크라이

오늘 당신은 누구를 만나기로 약속했어요 ?

　คุณกำลังหาใครอยู่

쿤 깜랑 하̌- 크라이 유̀-

당신은 누구를 찾고 있어요 ?

　คุณอยากไป(ที่)ไหน

쿤 야̀-ㄱ 빠이 (티̂-)나̌이

당신은 어디에 가고 싶어요 ?

(2)의문대명사 "ไหน" (어디)는 의문수식사로도 사용하는데 그때 뜻은 "어느" 이다.

　คุณชอบอาหารแบบไหน

쿤 처̂-ㅂ 아-하̌-ㄴ 배̀-ㅂ 나̌이

당신은 어느 음식을 좋아해요 ?

นี่เป็นผลไม้ชนิดไหน

니- 뻰 폰 라마 이 차 닛 나이

이 것은 어느 종류의 과일이에요 ?

คุณจะซื้อรถคันไหน

쿤 짜 쓰- 롯 칸 나이

당신은 어느 차를 살 거예요 ?

คุณมาจากบริษัทไหน

쿤 마-짜-ㄱ 버-리 쌋 나이

당신은 어느 회사에서 왔어요 ?

คุณอยากทานอาหารชนิดไหน

쿤 야-ㄱ 타-ㄴ 아-하-ㄴ 차 닛 나이

당신은 어느 종류의 음식이 먹고 싶어요 ?

(3)피수식어의 앞에오는 "กี่" (몇)이라는 의문수식사를 제외하고 대부분의 의문수식사는 피수식어의 뒤에 온다.

คุณมีเงินทั้งหมดกี่วอน

쿤 미-응어-ㄴ 탕 못 끼-워-ㄴ

당신 모두 몇 원의 돈을 갖고 있어요 ?

บริษัทนี้มีพนักงานทั้งหมดกี่คน

버-리 쌋니-미- 파 낙 응아-ㄴ 탕못 끼- 콘

이 회사는 직원이 모두 몇 명이에요 ?

คุณพูดภาษาต่างประเทศได้กี่ภาษา

쿤 푸-ㅅ 파-싸-따-ㅇ 쁘라테-ㅅ 다이 끼-파-싸-

당신은 몇개의 외국어를 말 할 수 있어요 ?

คุณมีหนังสือภาษาเกาหลีกี่เล่ม

쿤 미- 낭쓰- 파-싸- 까올리- 끼-레-ㅁ

당신은 몇권의 한국어 책을 갖고 있어요 ?

คุณเคยไปเมืองไทยกี่ครั้ง

쿤 크어-이 빠이 므-엉 타이 끼- 크랑

당신은 몇번 태국에 가 본 적이 있어요 ?

คุณมาที่นี่เมื่อไร

쿤 마-티̂-니̂ 므̂-어 라̌이

당신은 여기에 언제 왔어요 ?

สินค้านี้ผลิตอย่างไร

씬카́-니́- 팔릿 야̀-ㅇ 라̌이

이 상품은 어떻게 생산해요 ?

ทำไมคุณมาช้า

탐 마이 쿤 마-차́-

당신은 왜 늦게 왔어요 ?

คุณชอบงานใดบ้าง

쿤 처̂-ㅂ 응아̌-ㄴ 다이 바̂-ㅇ

당신은 어느 일들을 좋아해요 ?

คุณมีเงินมากเท่าไร

쿤 미̄- 응어̌-ㄴ 마̂-ㄱ 타̂오 라̌이

당신은 돈을 얼마나 많이 갖고 있어요 ?

(4)문장 전체를 수식하는 의문수식사 "ไหม"(~어요 ?),"หรือ" (이요, 아니오 ?), "ใช่ไหม"(~이지요 ?)는 항상 문미에 온다.

예문 คุณเคยไปเมืองไทยไหม

쿤 크ㅓ̄-어 빠이 므̂-엉 타이 마̌이

당신은 태국에 간 적이 있어요 ?

คุณก็หิวข้าวหรือ

쿤 꺼̂ 히̌-유 카̂-오 르̌-

당신도 시장해요 ?

คุณจะไปด้วยกันหรือไม่

쿤 짜 빠이 두̂-어이 깐 르̌- 마̂이

당신도 같이 갈래요, 말래요 ?

คุณเตรียมพร้อมแล้วหรือยัง

쿤 뜨리̄-얌 프러́-ㅁ 래́-오 르̌-양

당신은 만반의 준비가 됐어요, 아직요 ?

คุณจะทดลองก่อนหรือเปล่า

쿤 짜 톳 러-ㅇ 꺼-ㄴ 르- 쁠라오

당신은 먼저 실험 할래요, 말래요 ?

คุณเป็นคนไทยใช่ไหม

쿤 뻰 콘 타이 차이 마이

당신은 태국사람이지요 ?

2)응답문

(1)긍정응답문 :문장 전체를 긍정응답 할때에는 "ใช่" (그래요)라는 긍정진술 수식사
를 사용한다.

예문 คุณอยากไปเมืองไทยไหมครับ

쿤 야-ㄱ 빠이 므-엉 타이 마이 크랍

당신은 태국에 가고 싶어요 ?

ใช่ค่ะ

차이카

그래요.

คุณหิวน้ำหรือครับ

쿤 히-유 남 르- 크랍

당신은 목말라요 ?

ใช่ค่ะ

차이카

그래요.

คุณเป็นคนไทยใช่ไหมครับ

쿤 뻰 콘 타이 차이 마이 크랍

당신은 태국사람이지요 ?

ใช่ค่ะ

차이카

그래요.

(2)부정응답문 : 문장전체를 부정응답할 때에는 "เปล่า" (아니오)라는 부정진술 수식
사를 사용한다.

คุณหิวข้าวไหม
쿤 히-유 카-오 마이
당신은 시장해요 ?

เปล่า
쁠라오
아니오.

คุณเป็นคนไทยหรือ
쿤 뻰 콘 타이 르-
당신은 태국사람이에요 ?

เปล่า
쁠라오
아니오.

คุณชอบวาดภาพใช่ไหม
쿤 처-ㅂ 와-ㅅ 파-ㅂ 차이 마이
당신은 그림을 즐겨 그리지요 ?

เปล่า
쁠라오
아니오.

표 현 따 라 하 기

คุณเขียนจดหมายภาษาไทยเป็นไหมครับ
쿤 키-얀 쭛 마-이 파-싸- 타이 뻰 마이 크랍
당신은 태국어 편지를 쓸 줄 알아요 ?

ไม่เป็นค่ะ
마이 뻰 카
쓸 줄 몰라요.

คุณอ่านภาษาไทยเป็นหรือเปล่า
쿤 아-ㄴ 파-싸- 타이 뻰 르-쁠라오
당신은 태국어를 읽을 줄 알아요 ?

เป็นค่ะ
뻰 카
읽을 줄 알아요.

คุณเคยเรียนภาษาไทยใช่ไหมครับ
쿤 크어-이 리-얀 파-싸- 타이 차이 마이 크랍
당신은 태국어를 배운적이 있지요 ?

ใช่ค่ะ
차이카
그래요.

ใครเคยไปเมืองไทยมาครับ
크라이 크어-이 빠이 므-엉 타이 마- 크랍
누가 태국에 갔다온적이 있어요 ?

ดิฉันเคยไปเมืองไทยมาค่ะ
디 찬크어-이 빠이 므-엉 타이 마-카
내가 태국에 갔다온 적이 있어요.

อันไหนเป็นอาหารไทยครับ
안나이 뻰 아-하-ㄴ 타이 크랍
어느것이 태국음식이에요 ?

โน่นเป็นอาหารไทยค่ะ
노-ㄴ 뻰 아-하-ㄴ 타이 카
저것이 태국음식이에요.

คุณชอบรถคันไหนครับ
쿤 처-ㅂ 롯 칸 나이 크랍
당신은 어느 차를 좋아해요 ?

ดิฉันชอบรถเกาหลีค่ะ
디 찬 처-ㅂ 롯 까올리- 카
나는 한국차를 좋아해요.

ทำไมคุณขาดงานบ่อย ๆ ครับ

탐마이 쿤 카ㅡㅅ 응아ㅡㄴ 버ㅣ이버ㅣㅡ이 크랍

당신은 왜 결근을 자주 해요 ?

ขอโทษค่ะ ดิฉันมีงานส่วนตัวติดอยู่ค่ะ

커ㅓㅡ토ㅓㅡㅅ카 디찬 미ㅡ응아ㅡㄴ 쑤ㅓㅡ언 뚜ㅓ어 띳 유ㅡ카

미안하지만 사적인 일이 있어요.

นี่เป็นสินค้าชนิดใดครับ

니ㅡ 뻰 씬카ㅡ차닛 다이 크랍

이것은 어느 종류의 상품이에요 ?

นั่นเป็นสินค้านำเข้าค่ะ

난 뻰 씬카 남 카ㅓ오 카

그것은 수입 상품이에요.

คุณมีเงินมากเท่าไรครับ

쿤 미ㅡ 응어ㅡㄴ 마ㅡㄱ 타ㅓ오라이 크랍

당신은 돈을 얼마나 많이 갖고 있어요 ?

ดิฉันมีเงินแค่สามร้อยวอนค่ะ

디찬 미ㅡ 응어ㅡㄴ 캐ㅓㅡ싸ㅡㅁ 러ㅓㅡ이 원카

나는 300원 밖에 없어요.

คุณจะกลับบ้านเมื่อไรครับ

쿤 짜 끌랍 바ㅡㄴ 므ㅡ어 라이 크랍

당신은 언제 귀가할 거예요 ?

พรุ่งนี้ค่ะ

프룽니ㅡ카

내일요.

คุณเลิกสูบบุหรี่ได้อย่างไรครับ

쿤 르어ㅓㅡㄱ 쑤ㅡㅂ 부리ㅡ 다이 야ㅓㅡㅇ 라이 크랍

당신은 어떻게 담배를 끊었어요 ?

ด้วยความตั้งใจค่ะ

두ㅡ워이 콰ㅡㅁ 땅짜이카

결심으로요.

문 제 풀 기

1.다음 각 문장을 "เป็น" 단어를 사용하여 태국어로 번역하시오.

1) 나는 이 책을 생일선물로 받았어요.

2) 다음 문장을 태국어로 작문하시오.

3) 다음 태국어 문자를 자음과 모음으로 분류하시오.

4) 바다에는 할어와 사어가 있어요.

5) 우리는 대우주식회사의 사원이에요.

6) 나는 앞으로 대사업가가 되고 싶어요.

7) 나는 아직 태국어를 말할 줄 몰라요.

8) 당신은 앞으로 무엇이 되고 싶어요 ?

9) 당신은 태국어 편지를 쓸 줄 알아요 ?

10)당신은 무슨 과일을 간식으로 즐겨 먹어요 ?

2. 다음 각 문장을 태국어로 번역하시오.

1) 당신은 이 세상에서 누구를 제일 존경해요 ?

2) 당신은 앞으로 무엇이 되고 싶어요 ?

3) 어디가 이 세상에서 가장 살기 좋아요 ?

4) 태국에는 인구가 모두 몇 명 있어요 ?

5) 서울에서 부산까지 기차로 얼마나 걸려요 ?

6) 태국 국민은 음식을 어떻게 먹어요 ?

7) 타이항공 비행기는 언제 도착할 거예요 ?

8) 요즘 날씨가 왜 이렇게 추워요 ?

9) 당신은 몇 개의 외국어를 말할 수 있어요 ?

10) 태국은 어느 상품을 제일 많이 생산해요 ?

สวัสดีครับ / ค่ะ
안녕하세요

สวัสดีครับ
싸왓디- 크랍

สวัสดีค่ะ
싸왓디- 카

ผมชื่อคิมโทจอนครับ
폼 츠- 김도전 크랍

ดิฉันชื่อ นารี บัวงามค่ะ
디 찬 츠- 나- 리-부-어응아-ㅁ 카

ผมเป็นคนเกาหลีครับ
폼 뻰 콘 까올리-크랍

ดิฉันเป็นคนไทยค่ะ
디 찬 뻰 콘 타이 카

ผมเป็นพนักงานบริษัทครับ
폼 뻰 파 낙 응아-ㄴ 버-리 쌋 크랍

แลวคุณละครับ
래-오 쿤라 크랍

ดิฉันเป็นข้าราชการค่ะ
디 찬 뻰 카-라^-ㅅ 차 까-ㄴ 카

ยินดีที่ไดรู้จักครับ
인 디- 티^-다이 루-짝 크랍

ดิฉันก็เช่นเดียวกันค่ะ
디 찬 꺼 체-ㄴ 디-야오 깐카

안녕하세요.
안녕하세요.
내 이름은 김도전이에요.
내 이름은 나리 부어응암이에요.
나는 한국사람이에요.
나는 태국사람이에요.
나는 회사직원이에요.
그럼 당신은요 ?
나는 공무원이에요.
알게되어 반가워요.
나도 마찬가지예요.

단 어 익 히 기

สวัสดี[싸왓디-]   안녕(하세요)

ครับ[크랍]   남성용정중어, 네

ค่ะ[카]   여성용정중어 (평서문), 네

คะ[카]   여성용정중어 (의문문), 네 ?

ผม[폼]   저 (남성)

ดิฉัน[디 찬]   저 (여성)

คน[콘]   사람

คนไทย[콘타이]   태국사람

คนเกาหลี[콘까올리-]   한국사람

พนักงาน[파 낙 응아-ㄴ]   직원

บริษัท[버-리 쌋]   회사

ขาราชการ[카-라-ㅅ차 까-ㄴ]   공무원

ยินดี[인디-]   반갑다

รู[루-]   알다 (지식)

รู้จัก[루-짝]   알다 (상식)

เชนเดียวกัน[체-ㄴ 디-야오 깐]   마찬가지

문 법 배 우 기

정중어

정중어는 존칭을 나타내는 어조사로, 태국어에는 다음과 같은 정중어를 성에 맞게끔 문미에 사용한다.

1) ครับ[크랍] : 남성이 평서문과 의문문에 모두 사용한다.

예문 เราชอบทานอาหารไทยครับ
라오 처-ㅂ 타-ㄴ 아-하-ㄴ 타이 크랍
우리는 태국음식을 즐겨 먹어요.

เขาพูดภาษาไทยเก่งครับ
카오 푸-ㅅ 파-싸- 타이 께-ㅇ 크랍
그는 태국말을 잘 해요.

เราอยากเป็นนักการทูตครับ
라오 야-ㄱ 뻰 낙 까-ㄴ 투-ㅅ 크랍
우리는 외교관이 되고 싶어요.

คุณชอบสินค้าอะไรครับ
쿤 처-ㅂ 씬 카-아라이 크랍
당신은 무슨 상품을 좋아해요?

คุณอยากซื้อหนังสือเล่มไหนครับ
쿤 야-ㄱ 쓰- 낭 쓰- 레-ㅁ 나이 크랍
당신은 어느 책을 사고 싶어요?

2) ค่ะ [카] : 여성이 평서문에만 사용한다.

예문 ดิฉันเป็นคนเกาหลีค่ะ
디 찬 뻰 콘 까올리- 카
나는 한국사람이에요.

เราชอบอาหารไทยค่ะ
라오 처-ㅂ 아-하-ㄴ 타이 카

우리는 태국음식을 좋아해요.

นี่คือสวนผลไม้ค่ะ

นี่– คือ– 쑤언 폰 라 마이 카

이곳은 과수원이에요.

เราควรใช้ความอดทนค่ะ

라오 쿠언 차 이 콰–ㅁ 옷톤 카

우리는 인내심을 사용해야 해요.

เราควรรู้จักเคารพผู้ใหญ่ค่ะ

라오 쿠언 루–짝 카오롭 푸–야이 카

우리는 어른을 존경할 줄 알아야 해요.

3) **คะ** [카] : 여성이 의문문에만 사용한다.

คุณอยากทานอะไรคะ

쿤 야–ㄱ 타–ㄴ 아라이 카

당신은 무엇이 먹고 싶어요 ?

คุณอยากซื้อผลไม้เท่าไรคะ

쿤 야–ㄱ 쓰– 폰라마 이 타오라이 카

당신은 과일을 얼마나 사고 싶어요 ?

เขาไปไหนมาคะ

카오 빠이 나이 마– 카

그는 어디에 갔다와요 ?

บ้านคุณอยู่ที่ไหนคะ

바–ㄴ 쿤 유–티–나이 카

당신 집은 어디에 있어요 ?

คุณพูดภาษาไทยเป็นไหมคะ

쿤 푸–ㅅ 파–싸– 타이 뻰 마이 카

당신은 태국말을 할 줄 알아요 ?

표 현 따 라 하 기

สวัสดีครับ
싸-왓 디-크랍
안녕하세요.

สวัสดีค่ะ
싸-왓 디-카
안녕하세요.

ผมชื่ออีนาราครับ
폼 츠-이나라 크랍
내 이름은 이나라예요.

ดิฉันชื่อ ศิลป์ ภาคสุวรรณค่ะ
디찬 츠- 씬 파-ㄱ쑤완 카
내 이름은 씬 팍쑤완이에요.

ผมเป็นคนเกาหลีครับ
폼 뻰 콘까올리- 크랍
나는 한국사람이에요.

ดิฉันเป็นคนต่างประเทศค่ะ
디찬 뻰 콘 따-ㅇ 쁘라테-ㅅ 카
나는 외국사람이에요.

ยินดีที่ได้รู้จักคุณครับ
인디- 티- 다이 루- 짝 쿤 크랍
당신을 알게 되어 반가워요.

ดิฉันก็เช่นเดียวกันค่ะ
디찬 꺼 첸-ㄴ 디-야오 깐 카

저도 마찬가지예요.

วันหลังพบกันใหม่นะครับ
완랑 폽 깐 마이 나 크랍

다음에 다시 만나요.

ค่ะ สวัสดีค่ะ

카 싸왓디- 카

네, 안녕히 가세요.

4단계

문 제 풀 기

1. 다음 각 문장을 "ครับ", "ค่ะ", "คะ" 가운데 올바른 정중어를 골라 태국어로 번역하시오.

1) 나는 이 회사의 여직원이에요.
2) 우리는 저 학교의 남학생이에요.
3) 형님은 앞으로 무엇이 되고 싶어요 ?
4) 우리 누나는 지금 태국에서 살고 있어요.
5) 오빠는 어제 어디에 갔다 왔어요 ?
6) 우리 여동생은 애인을 아주 사랑해요.
7) 우리 오빠의 직업은 공무원이에요.
8) 우리는 매일 치마를 입고 회사에 가야 해요.
9) 우리 언니는 작년에 결혼했어요.
10) 우리 동생은 오빠를 많이 닮았어요.

2. 다음 각 문장을 태국어로 번역하시오.

1) 서로 알게되어 아주 반가워요.
2) 저도 마찬가지예요.
3) 내 이름은 이 세상이에요.
4) 우리 아버지는 국가 공무원이에요.
5) 나는 앞으로 사업가가 되고 싶어요.
6) 그는 현대 주식회사 직원이에요.
7) 우리 어머니는 태국사람이에요.
8) 우리는 매일 태국어를 배워요.
9) 우리 오빠는 태국여자와 결혼했어요.
10) 우리는 반드시 2-3 개의 외국어를 배워야 해요.

บทที่ 3

ขอแนะนำให้รู้จักกันครับ/ ค่ะ
소개합니다

สวัสดีครับ
싸왓디- 크랍

สวัสดีค่ะ
싸왓디- 카

ผมขอแนะนำให้รู้จักครอบครัวของเราครับ
폼커- 내 남 하이루-짝 크러-ㅂ 크루-어 커-ㅇ 라오 크랍

ท่านผู้นี้คือคุณพ่อครับ
타-ㄴ 푸-니-크- 쿤 퍼- 크랍

คุณพ่อเป็นนักธุรกิจครับ
쿤퍼- 뻰 낙투라낏 크랍

ท่านผู้นี้คือคุณแม่ครับ
타-ㄴ 푸-니- 크- 쿤매-크랍

คุณแม่เป็นแม่บ้านครับ
쿤매-뻰 매-바-ㄴ크랍

คนนี้คือน้องสาวครับ
콘니- 크- 너-ㅇ 싸-오 크랍

เขายังเป็นนักเรียนครับ
카오 양 뻰낙 리-얀 크랍

แล้วคุณล่ะคะ
래-오 쿤 라카

ผมเป็นข้าราชการครับ
폼 뻰 카-라-ㅅ 차 까-ㄴ 크랍

ดิฉันยินดีที่ได้รู้จักทุกท่านค่ะ
디 찬 인디- 티- 다이 루-짝 툭 타-ㄴ카

เราก็เช่นเดียวกันครับ
라오 꺼 체-ㄴ 디-야오 깐 크랍

안녕하세요.
안녕하세요.
우리 가족을 소개할게요.
이 분은 아버지예요.
아버지는 사업가이예요.
이 분은 어머니예요.
어머니는 가정주부예요.
이 사람은 여동생이에요.
그는 아직 학생이에요.
그럼 당신은요 ?
나는 공무원이에요.
여러분을 알게 되어 반가워요.
우리도 마찬가지예요

단 어   익 히 기

ขอ[커-]	요구하다 (본인요구)
ขอให้[커- 하이]	바라다 (상대방 청구)
แนะนำ[내 담]	소개하다
ครอบครัว[크러-ㅂ 크루-어]	가족
พ่อ[퍼-]	아버지
แม่[매-]	어머니
ลูกชาย[루-ㄱ 차-이]	아들
ลูกสาว[루-ㄱ 싸-오]	딸
น้องชาย[너-ㅇ 차-이]	남동생
น้องสาว[너-ㅇ 싸-오]	여동생
พี่ชาย[피- 차-이]	형,오빠
พี่สาว[피-싸-오]	누나,언니
แม่บ้าน[매- 바-ㄴ]	가정주부
นักเรียน[낙 리-안]	학생 (초,중,고)
นักธุรกิจ[낙투라 낏]	사업가
นักศึกษา[낙쓱 싸-]	대학생

문 법 배 우 기

인칭대명사

1) 1인칭대명사

ข้าพเจ้า(카-파 짜오):	본인 (남녀공용)
กระผม(끄라폼)	저 (남자)
ผม(폼)	나 (남자)
ดิฉัน(디 찬)	저 (여자)
ฉัน(찬)	나 (남녀공용)
เรา(라오)	우리

예문 **ข้าพเจ้าคิดว่าเราควรวางแผนล่วงหน้า**

카-파 짜오 킷 와- 라오 쿠-언 와-ㅇ 패-ㄴ 루-엉 나-

본인은 우리가 미리 계획을 세워야 한다고 생각해요.

กระผมขอเรียนถามหน่อยได้ไหมครับ

끄라폼 커- 리-얀 타-ㅁ 너-이 다이 마이 크랍

제가 좀 여쭤 봐도 될까요 ?

ผมไม่ค่อยมีความชำนาญในเรื่องนี้

폼 마이 커-이 미- 콰-ㅁ 참나-ㄴ 나이 르-엉 니-

나는 이 문제에 별로 노련성이 없어요.

เขานัดพบดิฉันที่นี่

카오 낫폽 디 찬 티-니

그는 여기서 나를 만나기를 약속했어요.

ฉันไม่มีเวลาว่าง

찬 마이 미- 웨-라- 와-ㅇ

나는 전혀 비는 시간이 없어요.

เราควรเขียนบันทึกประจำวันทุกวัน

라오 쿠-언 키-얀 반특 쁘라 짬완 툭 완

우리는 매일 일기를 써야 해요.

ไม่มีใครเชิญผม

마이 미-크라이 츠ㅓ-ㄴ 폼

아무도 나를 초청하지 않았어요.

ดิฉันอยากซื้อของที่ระลึก

디 찬 야-ㄱ 쓰-커-ㅇ 티-라륵

나는 기념품을 사고 싶어요.

เขาคงไม่รู้จักฉัน

카오 콩 마이 루-짝 찬

그는 아마 나를 모를 것이오.

เขาให้เงินเราเท่าไร

카오 하이 응어-ㄴ 라오 타오라이

그는 우리에게 돈을 얼마나 주었어요 ?

2) 2인칭대명사 : **คุณ** [쿤] : 당신

คุณมีลูกทั้งหมดกี่คน

쿤 미-루-ㄱ 탕 못 끼-콘

당신은 자식이 모두 몇 명 있어요 ?

คุณอยากทานอะไร

쿤 야-ㄱ 타-ㄴ 아라이

당신은 무엇이 먹고 싶어요?

เรายินดีต้อนรับคุณ

라오 인디- 떠-ㄴ 랍 쿤

우리는 기꺼이 당신을 환영해요.

คุณทานอาหารวันละกี่มื้อ

쿤 타-ㄴ 아-하-ㄴ 완라 끼-므-

당신은 하루에 몇 끼 식사해요 ?

เขาจะมาหาคุณเมื่อไร

카오 짜 마-하- 쿤 므-어 라이

그는 당신을 언제 찾아 올 거예요 ?

3) 3인칭대명사 : **เขา** [카오] :그 **มัน** [만] :그 것

예문 **เขาเป็นใคร**

카오 뻰 크라이

그는 누구예요 ?

เขาทำงานที่ไหน

카오 탐응안-ㄴ 타-나이

그는 어디서 일해요?

คุณนัดพบเขากี่โมง

쿤 낫 폽 카오 끼- 모-ㅇ

당신은 그를 몇 시에 만나기로 약속했어요 ?

มันหายไปไหน

만 하-이 빠이 나이

그 것이 어디로 없어졌어요 ?

คุณจะซื้อมันเมื่อไร

쿤 짜 쓰-만 므-어 라이

당신은 그 것을 언제 살 거예요 ?

4) 1,2 인칭 공용대명사 : **หนู**[누] : 저 (1인칭) 아가 (2인칭)

예문 **หนูอยากจะซื้อแหวนวงนี้**

누-야-ㄱ 짜 쓰- 왜-ㄴ 홍니

저는 이 반지를 사고 싶어요.

หนูพูดภาษาไทยไม่เก่ง

누-푸-ㅅ 파-싸- 타이 마이 께-ㅇ

저는 태국어를 잘 못해요.

หนูก็อยากไปเมืองไทยค่ะ

누-꺼 야-ㄱ 빠이 므-엉 타이 카

저도 태국에 가고 싶어요 .

หนูทำการบ้านเสร็จแล้วหรือยัง

누-탐 까-ㄴ 바-ㄴ 쎗 래-오 르-앙

아가는 숙제 다 했어 ?

หนูชอบทานอาหารอะไร

누- 처-ㅂ 타-ㄴ 아-하-ㄴ 아라이

아가는 무슨 음식을 먹고 싶어 ?

5) 2,3 인칭 공용대명사 : ท่าน [타-ㄴ] : 선생님 (2인칭)

그 분 (3인칭)

เธอ [트ㅓ-] : 너 (2인칭)

그이 (3인칭)

หล่อน [러-ㄴ]: 그대 (2인칭)

그 녀 (3인칭)

예문 เรายินดีต้อนรับทุกท่าน

라오 인디- 떠-ㄴ 랍 툭 타-ㄴ

우리는 여러분을 기꺼이 환영해요.

ท่านเป็นประธานบริษัทของเรา

타-ㄴ 뻰 쁘라타-ㄴ 버-리 쌋 커-ㅇ 라오

그 분은 우리 회사의 사장이에요.

เธอจะกลับบ้านเมื่อไร

트ㅓ- 짜 끌랍 바-ㄴ 므-어 라이

너는 언제 귀가할 거요 ?

คุณรู้ไหมว่าเธอทำอะไรอยู่

쿤 루-마이 와- 트ㅓ- 탐 아라이 유-

당신은 그이가 무엇을 하고 있는지 알아요 ?

หล่อนจะไปดูหนังกับฉันไหม

러-ㄴ 짜 빠이 두-낭 깝 찬 마이

그대는 나와 영화구경 갈래요 ?

หล่อนได้หมั้นกับคนอื่นแล้ว

러-ㄴ 다이 만 깝 콘 으-ㄴ 래-오

그 녀는 이미 다른 사람과 약혼했어요.

표 현 따 라 하 기

สวัสดีครับ

싸왓디-크랍

안녕하세요.

สวัสดีค่ะ

싸왓디-카

안녕하세요.

ผมชื่อชวน เพชรแก้วครับ

폼 츠- 추-언 펫 깨-오 크랍

내 이름은 추-언 펫깨오예요.

ดิฉันชื่อนารี บัวงามค่ะ

디 찬 츠- 나-리- 부-어 응아-ㅁ 카

제 이름은 나리 부어응암이에요.

ยินดีที่ได้รู้จักคุณครับ

인디- 티- 다이 루-짝 쿤 크랍

당신을 알게 되어 반가워요.

ดิฉันก็เช่นเดียวกันค่ะ

디 찬 꺼 체-ㄴ 디-야오 깐 카

나도 마찬가지예요.

ท่านผู้นี้เป็นใครครับ

타-ㄴ 푸-니- 뻰 크라이 크랍

이 분은 누구예요 ?

เป็นคุณหมอค่ะ

뻰 쿤 머-카

의사예요.

문 제 풀 기

1. 다음 각 문장을 올바른 인칭대명사를 사용하여 태국어로 번역하시오.

1) 오늘 선생님을 알게 되어 반가워요.

2) 우리는 여러분을 기꺼이 환영해요.

3) 이 두분은 저의 부모님이에요.

4) 저는 앞으로 사업가가 되고 싶어요.

5) 선생님은 그 분을 몇시에 만나기로 약속했어요 ?

6) 그것은 무엇으로 만들었어요 ?

7) 당신은 언제 누구와 결혼할 거예요 ?

8) 아가야 너는 앞으로 어떤 사람이 되고 싶어 ?

9) 우리는 부모님을 어떻게 모셔야 해요 ?

10) 이렇게 우리를 환영해 주어서 반가워요.

2. 다음 각 소개문장을 태국어로 번역하시오.

1) 이름이 무엇이에요 ?

2) 네 이름은 이세상이에요.

3) 이 분은 누구예요 ?

4) 그 분은 저의 아버님이에요 .

5) 동생은 무슨 일을 해요 ?

6) 그는 아직 대학생이에요.

7) 누나는 이미 결혼했어요 ?

8) 아직요.

9) 오늘 이렇게 알게 되어 반가워요.

10) 저도 마찬가지예요.

บทที่ 4

ขอบคุณครับ /ค่ะ
감사합니다

ขอบคุณครับ
컵 쿤 크랍

ขอบคุณมากค่ะ
컵 쿤 막 카

ขอขอบพระคุณครับ
커 컵 프라 쿤 크랍

ขอขอบพระคุณมากค่ะ
커 컵 프라 쿤 막 카

ขอบคุณครับที่นำทางให้
컵 쿤 크랍 티 남탕 하이

ไม่เป็นไรค่ะ
마이 뻰 라이 카

ขอบคุณมากครับที่ลดราคาให้
컵 쿤 막 크랍 티 롯 라카 하이

กรุณามาใหม่อีกนะคะ
까루 나 마 마이 익 나카

ขอบคุณมากครับที่เลี้ยงอาหารอร่อยเช่นนี้
컵 쿤 막 크랍 티 리양 아한 아러이 첸 니

ขอบคุณเช่นเดียวกันค่ะที่ทานอาหารมาก
컵 쿤 첸 디야오 깐 카 티 탄 아한 막

ขอบคุณมากครับที่ให้ของขวัญวันเกิด
컵 쿤 막 크랍 티 하이 컹 콴 완끄ᅥᆮ

ไม่เป็นไรค่ะ เป็นของเล็ก ๆ ค่ะ
마이 뻰라이 카 뻰 컹 렉 렉 카

고마워요
대단히 고마워요.
감사 드려요.
대단히 감사드려요.
길을 잘 안내해 주어 고마워요.
천만에요.
가격을 싸게 할인해 주어 고마워요.
다음에 또 오세요.
이렇게 맛있는 음식을 대접해주어서 대단히
  고마워요.
음식을 많이 드셔서 역시 고마워요.
생일 선물을 주어서 아주 고마워요.
천만에요. 아주 사소한 거예요.

단 어 익 히 기

ขอบคุณ[커-ㅂ 쿤]	고마워요
ขอบพระคุณ[커-ㅂ 프라 쿤]	감사드려요
นำทาง[남타-ㅇ]	길을 안내하다
ไม่เป็นไร[마이 뺀 라이]	괜찮다
ลด[롯]	축소하다
ราคา[라-카-]	가격
ลดราคา[롯 라-카-]	가격을 깎다
ต่อราคา[떠-라-카-]	가격을 흥정하다
เลี้ยง[리-양]	대접하다
อาหาร[아-하-ㄴ]	음식
เลี้ยงอาหาร[리-양 아-하-ㄴ]	식사대접하다
อร่อย[아러-이]	맛있다
เช่นเดียวกัน[체-ㄴ 디-야오 깐]	마찬가지다
ของขวัญ[커-ㅇ 콴]	선물
วันเกิด[완끄ㅓ-ㄷ]	생일
ของขวัญวันเกิด[커-ㅇ 콴 완끄ㅓ-ㄷ]	생일 선물
เล็ก[렉]	작다

문 법 배 우 기

ให้ 단어용법

1)본동사로 사용하면 "주다" 라는 뜻이다.

예문 พ่อแม่ให้เงินลูก
퍼-매- 하이 응어-ㄴ 루-ㄱ
부모는 자식에게 돈을 준다.

ครูให้รางวัลลูกศิษย์
크루- 하이 라-ㅇ 완 루-ㄱ 씻
선생은 제자에게 상을 준다.

บริษัทให้เงินเดือนพนักงาน
버-리 쌋 하이 응어-ㄴ 드-언 파 낙 응아-ㄴ
회사는 직원에게 월급을 준다.

ประธานให้ของขวัญวันเกิดเรา
쁘라타-ㄴ 하이 카-ㅇ 콴 완 꺼-ㅅ 라오
사장은 우리에게 생일 선물을 준다.

พ่อค้าให้เงินทอนเรา
퍼- 카- 하이 응어-ㄴ 터-ㄴ 라오
상인은 우리에게 거스름돈을 준다.

2)조동사로 사용하면 "~하게 하다" 라는 사역의 뜻을 갖는다.

예문 ครูให้นักเรียนทำการบ้าน
크루- 하이 낙 리-얀 탐 까-ㄴ 바-ㄴ
선생은 학생에게 숙제를 하게 한다.

พ่อแม่ให้ลูกใช้ความอดทน
퍼-매- 하이 루-ㄱ 차 이 콰-ㅁ 옷톤
부모님은 자식에게 참을성을 사용하게 한다.

ลมพายุทำให้ต้นไม้หักหมด

롬파-유 탐 하이 똔 마이 학 못

폭풍은 나무를 모두 부러지게 한다.

เมฆทำให้ฝนตก

메-ㄱ 탐 하이 혼똑

구름은 비를 내리게 한다.

หมอกทำให้แสงแดดอ่อน

머-ㄱ 탐 하이 쌔-ㅇ 대-ㄷ 어-ㄴ

안개는 햇빛을 약하게 한다.

3)수식사를 강조하고 싶을 때 그 수식사 앞에 "ให้" 를 사용한다.

กรุณาแต่งตัวให้สวย

까루 나- 때-ㅇ 뚜-어 하이 쑤-워이

아주 예쁘게 치장하세요.

เราต้องเตรียมเงินให้มาก

라오 떠-ㅇ 뜨리-얌 응어-ㄴ 하이 마-ㄱ

우리는 돈을 아주 많이 준비해야 해요.

กรุณาทำกับข้าวให้อร่อย

까루 나- 탐 깝카-오 하이 아러-이

반찬을 아주 맛있게 만드세요.

ขอให้ดื่มเหล้าให้น้อย

커-하이 드-ㅁ 라오 하이 너-이

술을 아주 적게 마시세요 .

กรุณารักษาเวลานัดให้ดี

까루 나- 락 싸- 웨-ㄹ 라- 낫 하이 디-

약속 시간을 아주 잘 지키세요.

ผมจะช่วยยกของให้ครับ

폼 짜추-어이 욕 커-ㅇ 하이 크랍

내가 물건을 들어 드리겠어요.

ขอบใจมากที่ยกของให้

커-ㅂ 짜이 마-ㄱ 티-욕 커-ㅇ 하이

물건을 들어 주어 고마워요.

เราจะให้ยืมหนังสือ 5 วันครับ

라오 짜 하이 이으-ㅁ 낭쓰- 하- 완 크랍

우리는 책을 5일간 빌려 줘요.

ขอบคุณค่ะที่ให้ยืมหนังสือ 5วัน

커-ㅂ쿤카 티-하이 이으-ㅁ 낭쓰- 하- 완

책을 5일간 빌려 주어 고마워요.

ฉันจะดูแลลูกของคุณให้

찬 짜 두-래- 루-ㄱ 커-ㅇ 쿤 하이

내가 네 자식을 돌봐 줄께

ขอบพระคุณมากค่ะ ที่ช่วยดูแลลูก

커-ㅂ 프라 쿤 마-ㄱ카 티- 추-워이 두-래-루-ㄱ

자식을 돌봐 주셔서 대단히 감사 드려요.

ไม่เป็นไรครับ

마이 뻰 라이 크랍

천만에요.

문 제 풀 기

1. 다음 각 문장을 "ให้" 라는 단어를 사용하여 태국어로 번역하시오.

1) 우리 회사는 매월 25일에 월급을줘요.

2) 우리 학교는 학생에게 점심을 줘요.

3) 부모님은 자식에게 매월 한번씩 일상생활비를줘요.

4) 사장님은 직원에게 임명장을줘요.

5) 선생님은 제자에게 매일 일기를 쓰게해요.

6) 선배는 후배에게 자립하도록 가르쳐요.

7) 공장장은 기술자에게 안전모를 쓰도록해요.

8) 우리는 태국어를 아주 능숙하게 말할 줄 알아야해요.

9) 우리는 평상시에 근무시간을 아주 잘 지켜야해요.

10) 우리는 기념사진을 아주 예쁘게 찍어야해요.

2. 다음 각 문장을 태국어로 번역하시오.

1)저를 잘 도와 주셔서 대단히 감사 드려요.

2)시간을 내 주셔서 대단히 감사해요.

3)길을 잘 안내해 주어서 대단히 감사해요.

4)이렇게 환영해 주어서 대단히 감사해요

5)계약기간을 잘 지켜 주어서 대단히 감사해요

6)우리 회사를 방문해 주어 대단히 감사해요.

7)기꺼이 상품을 교환해 주어 고마워요.

8)특별히 가격을 할인해 주어 고마워요.

9)매년 잊지 않고 생일 선물을 주어 대단히 감사해요.

10)이렇게 많은 돈을 빌려 주어 대단히 고마워요.

ขอโทษครับ / ค่ะ
미안합니다.

ขอโทษครับ
커– 토̂–ㅅ 크랍

ขอโทษจริง ๆ ค่ะ
커– 토̂–ㅅ 찡 찡 카̂

ขอประทานโทษครับ
커–쁘라 타̄–ㄴ 토̂–ㅅ 크랍

ขอประทานโทษจริง ๆ ค่ะ
커–쁘라 타̄–ㄴ 토̂–ㅅ 찡 찡 카̂

ขอโทษครับที่ทำให้เสียเวลาคอยนาน
커–토̂–ㅅ 크랍 티̂– 탐 하̂이 씨̌–야 웨̄–ㄹ 라– 커–이 나̄–ㄴ

ไม่เป็นไรค่ะ
마̂이 뻰 라̄이 카̂

ดิฉันก็เพิ่งมาเหมือนกันค่ะ
디찬̌ 꺼̂ 픙̂ 마 므̌–언 깐 카̂

ขอประทานโทษอีกครั้งหนึ่งครับที่ทำผิดอีก
커–쁘라̀ 타̄–ㄴ 토̂–ㅅ 이̀–ㄱ 크랍 능 크랍 티̂–탐 핏̀ 이̀–ㄱ

ไม่เป็นไรหรอกค่ะ
마̂이 뻰 라̄이 러̀–ㄱ 카̂

กรุณาอย่าทำผิดอีกต่อไปค่ะ
까루 나̄– 야̀– 탐 핏̀ 이̀–ㄱ 떠̀– 빠̄이 카̂

ขอบคุณมากครับ
커̀–ㅂ 쿤 마̂–ㄱ 크랍

จะพยายามเต็มที่อีกครับ
짜̀ 파 야̄–야̄–ㅁ 뗌 티̂– 이̀–ㄱ 크랍

미안해요.
대단히 미안해요.
죄송해요.
대단히 죄송해요.
오래 기다리게 해서 미안해요.
천만에요.
저도 역시 방금 왔어요.
또 잘 못해서 다시 한번 사과 드려요.
천만에요.
앞으로 또 다시 잘 못하지 마세요.
대단히 감사합니다.
최선의 노력을 다 하겠어요.

단 어 익 히 기

ขอโทษ[커- 토-ㅅ]	미안해요.
ขอประทานโทษ[커-쁘라 타-ㄴ 토-ㅅ]	죄송해요
เสียเวลา[씨-야 웨-ㄹ 라-]	시간을 낭비하다
คอย[커-이]	기다리다
รอ[러-]	잠깐 기다리다
เพิ่ง[프어-ㅇ]	방금 ~하다
มา[마-]	오다
ไป[빠-이]	가다
เหมือน[므-언]	같다
คลาย[클라-이]	비슷하다
ผิด[핏]	틀리다
ทำผิด[탐 핏]	잘 못하다
อีก[이-ㄱ]	또, 더
ต่อไป[떠- 빠-이]	다음, 앞으로
พยายาม[파 야-야-ㅁ]	노력하다
เต็มที่[뗌 티-]	충분히

문 법 배 우 기

"ที่" 단어 용법

1)전치사 1 : 명사나 대명사 앞에 오면 "–에" 의 뜻을 갖는다.

예문 เขาอยู่ที่บ้าน

카오 유– 티– 바–ㄴ

그는 집에 있어요.

เขาทำงานที่บริษัท

카오 탐응아–ㄴ 티– 버– 리–쌋

그는 회사에서 일해요.

เขาพักที่โรงแรม

카오 팍 티– 로–ㅇ 래–ㅁ

그는 호텔에서 묵어요.

รองเท้าของคุณอยู่ที่นี่

러–ㅇ 타오 커–ㅇ 쿤 유–티–니–

당신의 신발은 여기에 있어요.

กระเป๋าเดินทางขายที่โน่น

끄라빠 더드 어–ㄴ 타–ㅇ 카–이 티– 노–ㄴ

여행 가방은 저기서 팔아요.

2)전치사 2 : 숫자 앞에 오면 "–번째" 의 순서 뜻을 갖는다.

예문 เราได้รับรางวัลที่หนึ่ง

라오 다이 랍 라–ㅇ 완 티–능

우리는 1등 상을 받았어요.

นี่เป็นสินค้าชั้นหนึ่ง

니–뻰 씬카– 찬 능

이 것은 일급 상품이에요.

คนที่สามจากซ้ายคือใคร

คน ที-싸-ㅁ 짜-ㄱ 싸-이 크- 크라이

왼쪽에서 세번째 사람은 누구예요 ?

เราอยากซื้อสินค้าชิ้นที่สองจากขวา

라오 야-ㄱ 쓰-씬 카- 친 티-써-ㅇ 짜-ㄱ 콰-

우리는 오른쪽에서 두번째 상품을 사고 싶어요.

เขาเป็นเลขานุการขั้นที่สาม

카오 뻰 레-카-누 까-ㄴ 칸 티- 싸-ㅁ

그는 3급 서기관이에요.

   3)관계수식사 : 감사나 사과의 근원을 나타내는데 사용하여 " ~해서" 라는 뜻을 갖는다.

ขอบคุณมากครับที่ลดราคาให้เป็นพิเศษ

커-ㅂ 쿤 마-ㄱ 크랍 티-롯 라-카- 하이 뻰 피 쎄-ㅅ

가격을 특별히 할인해 주어서 대단히 고마워요.

ขอบคุณค่ะที่มาทันเวลานัด

커-ㅂ 쿤 카 티-마- 탄 웨-ㄹ라- 낫

약속 시간에 맞게 와서 고마워요.

ขอประทานโทษจริง ๆค่ะที่ยังไม่เตรียมข้อมูล

커- 쁘라타-ㄴ토-ㅅ 찡 찡 카 티- 양 마이 뜨리-얌 커-무-ㄴ

아직 자료를 준비하지 못해서 대단히 죄송해요.

ขอโทษครับที่มาสายอีก

커-토-ㅅ 크랍 티-마-싸-이 이-ㄱ

또 늦게 와서 미안해요.

ขอโทษค่ะที่ทำผิดอีก

커-토-ㅅ 카 티-탐핏 이-ㄱ

또 잘못해서 미안해요.

   4)관계 대명사 : 태국어의 관계 대명사에는 일반적으로 많이 쓰는 "ที่" 와 앞에 있는 피수식어를 재강조하고 싶을 때 쓰는 "ซึ่ง," 앞에 있는 피수식어 가 사람인 경우에만 쓰는 "ผู้" 및 주로 단어를 수식하는 "อัน" 이 있다.

 เขาเป็นคนที่พูดภาษาไทยเก่ง

카오 뻰 콘 티- 푸-ㅅ 파-싸- 타이 께-ㅇ

그는 태국말을 잘하는 사람이에요.

ประเทศไทยเป็นประเทศที่รักษาเอกราชมาตลอด

쁘라테-ㅅ 타이 뻰 쁘라테-ㅅ 티- 락 싸- 에-ㄱ 까라-ㅅ 마- 딸러-ㅅ

태국은 꾸준히 자유독립을 보호해 온 나라예요.

มือขวาเป็นมือที่ใช้ทานอาหาร

므-콰- 뻰 므- 티- 차이 타-ㄴ 아-하-ㄴ

오른손은 식사하는데 사용하는 손이에요.

กรุงเทพ ฯ ที่เป็นเมืองหลวงของประเทศไทยใหญ่เท่าไร

끄룽 테-ㅂ 티-뻰 므-엉 루-엉 커-ㅇ 쁘라테-ㅅ 타이 야이 타오 라이

태국의 수도 방콕은 얼마나 커요 ?

ธงไตรรงค์ซึ่งเป็นธงชาติไทยมีความหมายอย่างไร

통 뜨라이 롱 쑹 뻰 통 차-ㅅ 타이 미- 콰-ㅁ 마-이 야-ㅇ 라이

태국 국기인 삼색기는 무슨 의미를 갖고 있어요 ?

เขาเป็นนายทหารผู้ได้รับเหรียญกล้าหาญ

카오 뻰 나-이 타 하-ㄴ 푸-다이랍 리-얀 끌라- 하-ㄴ

그는 무공훈장을 수여받은 장교예요.

เขาเป็นคนขับรถผู้ทำผิดกฎจราจร

카오 뻰 콘 캅롯 푸- 탐 핏 꼿 짜라- 쩌-ㄴ

그는 교통법류를 위반한 운전기사예요.

นักศึกษาผู้สอบได้ที่หนึ่งเป็นมือขวาของเรา

낙 쓱싸- 푸- 써-ㅂ 다이 티-능 뻰 므-콰- 커-ㅇ 라오

1등상을 받은 대학생은 우리의 오른손이에요.

ที่นี่เป็นสวนดอกไม้ที่สวยงาม

티-니- 뻰 쑤-원 더-ㄱ 마이 티- 쑤-워이 응아-ㅁ

여기는 아주 예쁜 화원이에요.

ภาษีขาเข้า ภาษีขาออกและภาษีผ่านเป็นภาษีการค้าอันยุติธรรม

파-씨- 카- 카오 파-씨- 카- 어-ㄱ 래 파-씨- 파-ㄴ 뻰 파-씨- 까-ㄴ카- 안 유띠탐

표 현 따 라 하 기

เรานัดพบกันกี่โมงแล้วนะครับ
라오 낫 폽 깐 끼-모-ㅇ 래-오 나 크랍
우리 몇시에 만나기로 약속했지요 ?

ขอโทษค่ะที่ลืมเวลานัด
커-토-ㅅ 카 티- 르-ㅁ 웨-라- 낫
약속시간을 잊어버려 미안해요.

คุณจะใช้หนี้หมดเมื่อไรครับ
쿤 짜 차이 니- 못 므-어 라이 크랍
당신을 언제 빚을 다 갚을 거예요 ?

ขอประทานโทษค่ะที่ใช้หนี้ยังไม่หมด
커-쁘라타-ㄴ토-ㅅ 카 티- 차이 니- 양 마이 못
빚을 아직 다 갚지 못 해서 죄송해요.

เขาบอกว่าวันนี้ไม่ได้นัดพบเราครับ
카오 버-ㄱ 와- 완 니- 마이 다이 낫 폽 라오 크랍
그는 오늘 우리와 만날 약속을 안 했다고 하던데요.

ขออภัยค่ะที่พูดโกหก
커- 아파이 카 티- 푸-ㅅ 꼬-혹
거짓말해서 미안해요.

ทำไมคุณมาช้าถึงขนาดนี้
탐마이 쿤 마-차- 틍 카나-ㅅ 니-
왜 이렇게 까지나 늦게 와요 ?

ขออภัยค่ะ ที่ทำให้เสียเวลาคอยนานอย่างนี้
커-아파이 카 티- 탐 하이 씨-야 웨-라- 커-이 나-ㄴ 야-ㅇ 니-
이렇게 오래 기다리게 해서 미안해요.

문 제 풀 기

1.다음 각 문장을 "ที่" 라는 단어를 사용하여 태국어로 번역하시요.

1) 우리 회사는 종로 3가에 있어요 .

2) 그 친구는 삼성전자 주식 회사에서 근무해요 .

3) 여기서 태국까지 비해기로 몇시간 걸려요 ?

4) 우리 공장은 여기에서 아주 먼 곳에 있어요 .

5) 그는 이번 상품전시회에서 1등상을 받았어요.

6) 우리 회사는 이 건물의 2층에 있어요.

7) 너무 오래 기다리게 해서 대단히 죄송해요.

8) 이렇게 시간을 많이 양보해 주셔서 대단히 감사해요.

9) 태국은 동남아시아 대륙의 중앙에 위치해 있어요.

10) 방콕은 서울보다 약 2.5배나 넓은 면적을 갖고 있어요.

2.다음 각 문장을 태국어로 번역하시오.

1) 이렇게 시간을 낭비하게 해서 대단히 죄송해요.

2) 빚을 제때에 갚지 못 해서 아주 미안해요.

3) 약속 시간을 지키지 못 해서 미안해요.

4) 계약기간을 또 연기해서 정말로 미안해요.

5) 가격을 너무 많이 흥정해서 미안해요.

6) 오늘 너무 과음해서 대단히 미안해요.

7) 자주 폐를 끼쳐서 대단히 죄송해요.

8) 요즘 결근을 자주 해서 아주 죄송해요.

9) 상품을 제때에 보내 드리지 못 해서 대단히 미안해요.

10) 서류를 잘 못 작성해서 죄송해요.

การรายงานอากาศ
일기예보

ในประเทศไทยมีกี่ฤดูครับ

나이 쁘라 테ˆ–ㅅ 타이 미–까–르 두–ㅋ랍

มีสามฤดูค่ะ

미–싸–ㅁ 르 두–카˘

มีฤดูอะไรบ้างครับ

미–르 두– 아 라이 바–ㅇ ㅋ랍

มีฤดูร้อน ฤดูฝน และฤดูหนาวค่ะ

미–르 두– 러–ㄴ 르 두–혼 래 르 두–나–오 카˘

ในปีหนึ่ง เดือนไหนร้อนที่สุดครับ

나이 삐–능 드–언 나이 러–ㄴ 티ˆ– 쑷 ㅋ랍

เดือนเมษายนร้อนที่สุดค่ะ

드–언 메–싸–욘 러–ㄴ 티ˆ– 쑷 카˘

อุณหภูมิสูงขึ้นถึงเท่าไรครับ

운나 하푸–ㅁ 쑤–ㅇ 큰 틍 타오 라이 ㅋ랍

สูงขึ้นถึงเกือบ 40 กว่าองศาค่ะ

쑤–ㅇ큰 틍꼬–업 씨–씹 꽈– 옹싸– 카˘

งั้นอากาศฤดูหนาวของประเทศไทยเป็นอย่างไรบ้างครับ

응 안 아–까–ㅅ 르 두–나–오 커–ㅇ 쁘라테ˆ–ㅅ 타이 뻰 야–ㅇ 라이 바–ㅇ ㅋ랍

คล้ายกับฤดูใบไม้ผลิหรือฤดูใบไม้ร่วงของประเทศเกาหลีค่ะ

클라–이 깝 르 두– 바이마 이플리 르– 르 두– 바이 마이 루ˆ–엉 커–ㅇ 쁘라테ˆ–ㅅ 까올리– 카˘

แต่บางครั้งอุณหภูมิลดลงไปถึง 4 องศาค่ะ

때–바–ㅇ ㅋ랑 운 나 하푸–ㅁ 롯 롱 빠이 틍 씨–옹 싸– 카˘

ในประเทศเกาหลีมีกี่ฤดูครับ

나이 쁘라테ˆ–ㅅ 까올리– 미–까–르 두– ㅋ랍

มี 4 ฤดูค่ะ คือฤดูใบไม้ผลิ ฤดูร้อน ฤดูใบไม้ร่วง และฤดูหนาว
미-씨-르 두- 카 크- 르 두-바이마 이팔리 르 두-러-ㄴ 르 두- 바이 마 이루-엉 래 르 두-나-오

ในฤดูหนาวอุณหภูมิลดลงไปถึงก็องศาครับ
나이 르 두-나-오 운나 하푸-ㅁ 롯 롱 빠이 틍 끼-옹 싸- 크랍

เกือบลบ 20 กว่าองศาค่ะ
끄-업롭 이-씹 꽈- 옹 싸-카

เวลาฝนตกเราควรเตรียมอะไรบ้างครับ
웨-라-혼 똑 라오 쿠-언 뜨리-얌 아라이바-ㅇ 크랍

เราควรเตรียมร่มกันฝนหรือเสื้อกันฝนค่ะ
라오 쿠-언 뜨리-얌 홈 깐 혼 르- 쓰-어 깐 혼 카

หมู่นี้อากาศเป็นอย่างไรบ้างครับ
무-니- 아-까-ㅅ 뻰 야-ㅇ 라이 바-ㅇ 크랍

เย็นสบายดีค่ะ
옌 싸바-이 디-카

태국에는 몇 개의 계절이 있어요?
3개의 계절이 있어요.
무슨 무슨 계절이 있어요 ?
여름과 우기 그리고 겨울이 있어요.
1년중 어느 달이 가장 더워요 ?
4월이 가장 더워요.
온도가 얼마나 올라가요 ?
거의 40 도 이상까지 올라가요.
그럼 태국의 겨울 날씨는 어때요 ?
한국의 봄이나 가을과 비슷해요.
그러나 어떤때에는 온도가 4도까지 내려가요.
한국에는 몇개의 계절이 있어요 ?
봄, 여름, 가을 및 겨울 등 4개의 계절이 있어요.
겨울에는 온도가 몇도까지 내려가요 ?
거의 -20도까지요.
비가 올때 우리는 무엇들을 준비해야 해요 ?
우산이나 우비를 준비해야 해요.
요즘 날씨가 어때요 ?
참 시원해요.

단 어   익 히 기

ฤดู[르 투–]	계절
ฤดูใบไม้ผลิ[르 투–바이 마이 플리]	봄
ฤดูร้อน[르 투–러–ㄴ]	여름
ฤดูใบไม้ร่วง[르 투– 바이 마 이루–엉]	가을
ฤดูหนาว[르 투–나–오]	겨울
ฤดูฝน[르 투–혼]	우기
ฤดูแล้ง[르 투– 래–ㅇ]	건기
ร้อน[러–ㄴ]	덥다
หนาว[나–오]	춥다
อุ่น[운]	따뜻하다
เย็น[옌]	시원하다
อากาศ[아–까–ㅅ]	날씨
อุณหภูมิ[운나 하푸–ㅁ]	온도
องศา[옹싸–]	도
ร่มกันฝน[롬 깐 혼]	우산
ร่มกันแดด[롬 깐 대–ㅅ]	양산
เสื้อกันฝน[쓰–어 깐 혼]	우비
ฝน[혼]	비
หิมะ[히마]	눈
ลม[롬]	바람
ฟ้าแลบ[화–래–ㅂ]	번개
ฟ้าร้อง[화–러–ㅇ]	천둥
ฟ้าผ่า[화–파–]	벼락

문 법 배 우 기

비교급과 최상급 수식사

1) 비교급 수식사 : กว่า ~(~보다 더)

예문 ประเทศเกาหลีหนาวกว่าเมืองไทย
쁘라테-ㅅ 까올 리 나-오 꽈- 므-어 타이
한국은 태국보다 추워요.

เมืองไทยกว้างกว่าเกาหลี
므-엉 타이 꽈-ㅇ 꽈- 까올 리-
태국은 한국보다 넓어요.

พี่ชายรวยกว่าน้องชาย
피-차-이 루-어이 꽈- 너-ㅇ 차-이
형이 동생보다 부유해요.

เขากินข้าวมากกว่าฉัน
카오 낀 카-오 마-ㄱ 꽈-찬
그는 나보다 밥을 많이 먹어요.

เขาพูดภาษาไทยเก่งกว่าคุณ
카오 푸-ㅅ 파-싸-타이 께-ㅇ 꽈- 쿤
그는 당신보다 태국말을 잘 해요.

2) 최상급 수식사 : ที่สุด (가장)

예문 เขาพูดภาษาเกาหลีเก่งที่สุด
카오 푸-ㅅ 파-싸- 까올리- 께-ㅇ 티-쑷
그는 한국 말을 가장 잘 해요.

เขามีเงินมากที่สุด
카오 미- 응어-ㄴ 마-ㄱ 티-쑷
그는 돈을 가장 많이 갖고 있어요.

ใครดื่มเหล้ามากที่สุด

ㅋ라이 드ˇ-ㅁ 라오 마ˆ-ㄱ 티ˆ-쏫
누가 술을 가장 많이 마셔요 ?

ในโลกนี้ประเทศไหนกว้างที่สุด
나이 로-ˆㄱ 니ˇ- 쁘라테ˆ-ㅅ 나이 꽈ˆ-ㅇ 티ˆ-쏫
이 세상에서 어느 나라가 가장 넓어요?

คุณชอบอาหารอะไรมากที่สุด
쿤 처ˇ-ㅂ 아ˇ-하ˇ-ㄴ 아라이 마ˆ-ㄱ 티ˆ-쏫
당신을 무슨 음식을 제일 좋아해요 ?

표 현   따 라 하 기

ประเทศไทยมีกี่ฤดูครับ
쁘라테ˆ-ㅅ 타이 미ˇ- 끼ˇ- 르 두ˇ- 크랍
태국은 몇개의 계절이 있어요 ?

มีสามฤดูค่ะ
미ˇ- 싸ˇ-ㅁ 르 두ˇ- 카ˆ
3개의 계절이 있어요.

แต่บางคนบอกว่ามีสองฤดูค่ะ
때ˇ- 바ˇ-ㅇ 콘 버ˇ-ㄱ 와ˆ- 미ˇ- 써ˇ-ㅇ 르 두ˇ- 카ˆ
그러나 어떤 사람은 두개의 계절이 있다고 말해요.

มีฤดูอะไรบ้างครับ
미ˇ-르 두ˇ- 아라이 바ˆ-ㅇ 크랍
무슨 무슨 계절이 있어요?

มีฤดูร้อน ฤดูฝน และฤดูหนาวค่ะ
미ˇ- 르 두ˇ-러ˆ-ㄴ 르 두ˇ-혼 래ˇ 르두ˇ-나ˇ-오 카ˆ
여름과 우기 그리고 겨울이 있어요.

หรือมีฤดูฝนกับฤดูแล้งค่ะ
르ˇ-미ˇ- 르 두ˇ-혼 깝 르 두ˇ- 래ˆ-ㅇ 카ˆ
또는 우기와 건기가 있어요.

ในฤดูร้อนอุณหภูมิสูงถึงเท่าไรครับ

나이 ㄹ 두-러-ㄴ 운 나 하푸-ㅁ 쑤-ㅇ 틍 타오 라이 크랍

여름에 온도가 얼마나 높아요 ?

ประมาณ 40กว่าองศาค่ะ

쁘라마-ㄴ 씨-씹 꽈- 옹 싸- 카

약 40여도예요.

ในฤดูฝนมีฝนตกมากไหมครับ

나이 ㄹ 두-혼 미-혼 똑 마-ㄱ 마이 크랍

우기에 비가 많이 내려요 ?

มีฝนตกเกือบทุกวันค่ะ

미-혼 똑 끄-업 툭 완 카

비가 거의 매일 내려요.

ในฤดูหนาวมีหิมะตกด้วยไหมครับ

나이 ㄹ 두-나-오 미-히마 똑 두-워이 마이 크랍

겨울에 눈도 와요 ?

ไม่เคยมีหิมะตกเลยค่ะ

마이 크어-이 미- 히마 똑르어-이 카

전혀 눈이 내린 적이 없어요.

문 제 풀 기

1.다음 각 문장을 "กว่า" 라는 비교급 수식사를 사용하여 태국어로 번역하시오.

1) 태국은 한국보다 약 5배 더 넓어요.

2) 태국 시간은 한국 시간보다 약 2시간 늦어요.

3) 태국의 수도 방콕은 서울보다 약 2.5배나 넓어요.

4) 동복은 하복보다 아주 두꺼워요.

5) 태국어는 한국어보다 문자가 더 많아요.

6) 태국은 한국보다 아주 더워요.

7) 한국지도는 태국지도보다 매우 높아요.

8) 태국은 한국보다 인구가 더 많아요.

9) 태국은 한국보다 약 7배나 많은 도를 갖고 있어요.

10) 태국음식은 한국음식보다 더 매워요.

2.다음 각 문장을 "ที่สุด"이라는 최상급 수식사를 사용하여 번역하시오.

1) 한국에서 가장 높은 빌딩은 63빌딩이에요.

2) 태국에서 제일 긴 강은 짜오프라야강이에요.

3) 투리얀은 태국에서 가장 비싸고 맛있는 과일이에요.

4) 에머랠드 사원은 태국에서 가장 유명한 사원이에요.

5) 태국에서 가장 더운 달은 4월이에요.

6) 한국에서 가장 유명한 음식이 무엇이에요 ?

7) 한국에서 가장 추운 달은 1월이에요.

8) 태국에서 제일 북쪽에 있는 도는 치양라이도이에요.

9) 1년중 가장 짧은 달은 2월이에요.

10) 우리 나라에서 제일 큰 회사는 무슨 회사예요 ?

 บทที่ 7

การใช้โทรศัพท์
전화사용

สวัสดีครับ 234-5678 ใช่ไหมครับ

싸왓디- 크랍 써-ㅇ 싸-ㅁ 씨- 하-혹 쩻빼-ㅅ 차이 마이 크랍

ใช่ค่ะ ต้องการพูดกับใครคะ

차이 카 떠-ㅇ 까-ㄴ 푸-ㅅ 깝 크라이 카

ขอพูดกับคุณสมใจหน่อยครับ

커-푸-ㅅ 깝 쿤 쏨 짜이 너-이 크랍

ตอนนี้เขาไม่อยู่ค่ะ

떠-ㄴ 니- 카오 마이 유- 카

จะฝากบอกอะไรไหมคะ

짜 화-ㄱ 버-ㄱ 아 라이 마이 카

กรุณาบอกว่า โทรมาจากลีเซซังครับ

까루 나- 버-ㄱ 와- 토- 마- 짜-ㄱ 이 세 상 크랍

กรุณารอสักครู่ค่ะ

까루 나- 러- 싹 크루- 카

เขากำลังเขามาพอดีค่ะ

카오 깜 랑 카오 마- 퍼-디- 카

สวัสดีค่ะ ดิฉันสมใจกำลังพูดค่ะ

싸왓디- 카 디찬 쏨 짜이 깜랑 푸-ㅅ 카

วันนี้มีเวลาว่างตอนไหนบ้างครับ

완니- 미-웨-라- 와-ㅇ 떠-ㄴ 나이 바-ㅇ 크랍

ตอนนี้ไม่ค่อยว่างค่ะ

떠-ㄴ 니-마이 커-이 와-ㅇ 카

ตอนเย็นนี้เป็นอย่างไรบ้างคะ

떠-ㄴ 옌니- 삐 아-ㅇ 라이 바-ㅇ 카

งั้นเรานัดทานอาหารเย็นด้วยกันดีไหมครับ

응안 라오 낫 타-ㄴ 아-하-ㄴ 옌 두-워이 깐 디- 마이 크랍

ก็ดีค่ะ
꺼 디-카

กี่โมงและที่ไหนดีคะ
끼- 모-ㅇ 래 티- 나이 디- 카

สักทุ่มหนึ่งที่ร้านอาหารเกาหลีเป็นอย่างไรครับ
싹 툼 능 티-라-ㄴ 아-하-ㄴ 까올리- 뻰 야-ㅇ 라이 크랍

ตกลงค่ะ
똑 롱카

ขอบคุณครับ เดี๋ยวเจอกัน
커-ㅂ쿤 크랍 디-야오 쯔어- 깐

สวัสดีครับ
싸왓 디-크랍

สวัสดีค่ะ
싸왓 디-카

안녕하세요 234-5678번이지요 ?
예, 누구를 찾으세요 ?
쏨짜이씨 좀 바꿔 주세요.
지금 그는 자리에 없는데요.
뭐 전하실 것이 있으세요 ?
이 세상한테서 전화 왔었다고 전해 주세요.
잠깐만 기다리세요.
그가 마침 들어오고 있어요.
안녕하세요. 저 쏨짜이예요.
오늘 언제쯤 시간이 있어요 ?
지금은 별로 시간이 없어요.
오늘 저녁이 어때요 ?
그럼 오늘 저녁 식사 약속하는 것이 좋지 않을까요 ?
그게 좋아요.
몇시에 어디가 좋아요 ?
저녁 7시에 한국음식점이 어때요 ?
그거 좋아요.
고맙습니다. 조금 있다가 만나요.
안녕히 계세요.
안녕히 계세요.

단 어 익 히 기

โทรศัพท์[토-라쌉]	전화
โทรศัพท์มือถือ[토-라쌉 므-트-]	핸드폰
โทรศัพท์สาธารณะ[토-라쌉 싸-타-라나]	공중전화
เบอร์โทรศัพท์[브어-토-라쌉]	전화번호
ฝาก[퐈-ㄱ]	위탁하다
บอก[버-ㄱ]	말하다
ฝากบอก[퐈-ㄱ버-ㄱ]	전하다
รอ[러-]	기다리다
สักครู่[싹 크루-]	잠깐
ตอนนี้[떠-ㄴ니-]	지금
พอดี[퍼-디-]	마침
เย็นนี้[옌니-]	오늘 저녁
วันนี้[완니-]	오늘
พรุ่งนี้[프룽니-]	내일
เมื่อวานนี้[므-어 와-ㄴ 니-]	어제
โมง[모-ㅇ]	시
นาที[나-티-]	분
วินาที[위 나-티-]	초
ชั่วโมง[추-어 모-ㅇ]	시간

문 법 배 우 기

기본숫자 용법

1)숫자가 수식어의 앞에 오면 양을 나타낸다.(단, 1만큼은 피수식어의 앞-뒤에 다 올
수 있다)

예문 ขอกาแฟ 1แก้ว (แก้วหนึ่ง)
커- 까-홰- 능 깨-오 (깨-오 능)
커피 한 잔 주세요.

เราควรเรียนภาษาต่างประเทศสองสามภาษา
라오 쿠-언 리-얀 파-싸-따-ㅇ 쁘라테^-ㅅ 써-ㅇ 싸-ㅁ 파-싸-
우리는 2-3개의 외국어를 배워야 해요.

บริษัทเรามีพนักงานทั้งหมด 50 กว่าคน
버-리 쌋 라오 미- 파 낙 응아-ㄴ 탕 못 하-씹 꽈-콘
우리 회사는 직원이 모두 50여명 있어요.

ประเทศไทยมี 76 จังหวัด
쁘라테-ㅅ 타이 미- 쩻씹혹 짱왓
태국은 76개의 도가 있어요.

เขาต้องการเงินสองล้านวอน
카오 떠-ㅇ 까-ㄴ 응어-ㄴ 써-ㅇ 라-ㄴ 원
그는 200 만원의 돈을 원해요.

2)숫자가 수식어의 뒤에 오면 차례를 나타낸다.(단, 차례를 강조하고 싶을
때에는 그 숫자 앞에 "ที่" 를 쓴다.)

예문 ทีมเราได้รับรางวัลที่หนึ่งแล้ว
티-ㅁ 라오 다이랍 라-ㅇ 완 티-능 래-오
우리 팀은 일등상을 받았어요.

รถไฟฟ้าสายห้าผ่านสนามบินคิมโพ
롯 화이 화- 싸-이 하- 파-ㄴ 싸나-ㅁ 빈 김포
제 5호선 전동차는 김포공항을 통과해요.

เขาเป็นเลาขานุการตรีของสถานทูตไทย
카오 뻰 레-카-누 까-ㄴ 뜨리- 커-ㅇ 싸타-ㄴ 투-ㅅ 타이
그는 태국 대사관의 3등서기관이에요.

เราอยากซื้อชุดสากลชุดที่สองโน้น

라오 야-ㄱ 쓰- 춧 싸-꼰 춧 티- 써-ㅇ 노-ㄴ
우리는 저 두번째 양복을 사고 싶어요.

บริษัทเราอยู่บนชั้นที่ 17 ของตึกนี้

버-리 쌋 라오 유- 본 찬 티- 씹쩻 커-ㅇ 뜩 니-
우리 회사는 이 건물의 17층에 있어요.

표 현 따 라 하 기

ขอพูดกับคุณชวน เพชรแก้วหน่อยครับ

커-푸-ㅅ 깝 쿤 추-언 펫 깨-오 너-이 크랍
추언 펫깨오씨 좀 바꿔 주세요.

กรุณารอสักครู่ค่ะ

까루 나- 러- 싹 크루- 카
잠깐만 기다리세요.

ตอนนี้เขาไม่อยู่ค่ะ

떠-ㄴ 니- 카오 마이 유- 카
그는 지금 자리에 없어요.

มีอะไรฝากไว้ไหมคะ

미- 이라이 화-ㄱ 와이 마이 카
부탁하실 것이 있어요 ?

กรุณาฝากบอกว่า โทรมาจากเพื่อนมนู รุกขเสรีครับ

까루 나- 화-ㄱ 버-ㄱ 와- 토- 마- 짜-ㄱ 프-언 마 누- 룩 카쎄-리- 크랍
마누 룩카쎄리 친구한테서 전화 왔었다고 전해 주세요.

กรุณารอสักครู่ค่ะ

까루 나- 러- 싹 크루- 카
잠깐만 기다리세요.

ท่านกำลังเข้ามาพอดีค่ะ

타-ㄴ 깜 랑 카오 마- 퍼-디- 카
그 분이 마침 들어오고 있어요.

ขอบคุณครับ

커–ㅂ 쿤 크랍

감사합니다.

문 제 풀 기

1. 다음 양숫자가 들어간 문장을 태국어로 번역하시오.

1) 태국에는 약 200여 종류의 과일이 있어요.

2) 우리 몸에는 두개의 손이 있어요.

3) 우리는 하루에 세끼 식사를 제때에 해야 해요.

4) 우리 안방에는 2개의 침대가 있어요.

5) 우리 사무실에는 모두 10 세트의 책상과 의자가 있어요.

6) 우리 회사는 동남아시아에 5개의 지사를 갖고 있어요.

7) 우리 공장에는 수십명의 기술자가 있어요.

8) 동물원에는 수백마리의 각종 동물이 있어요.

9) 우리 과수원에는 모두 6종류의 과일 나무가 있어요.

10) 우리 집에는 두개의 침실과 1개의 응접실이 있어요.

2. 다음 차례 숫자가 들어간 문장을 태국어로 번역하시오.

1) 우리 회사는 이 건물의 10층에 있어요.

2) 외국어 서적은 이 서점의 5층에서 팔아요.

3) 이 백화점의 6층에는 태국 음식점이 있어요.

4) 우리 회사는 제11회 신상품 경시 대회에서 1등상을 받았어요.

5) 실험실은 이 자동차부품 생산 공장 건물의 9층에 있어요.

6) 사장실은 이 회사 건물의 2층에 있어요.

7) 우리 집은 이 아파트 건물의 12층에 있어요.

8) 저 3번째 골목에서 좌회전 하세요.

9) 신상품 검사실은 이 건물의 7층과 8층에 있어요.

10) 왼쪽에서 4번째 건물이 주한 태국 대사관 건물이에요.

บทที่ 8

การรักษากฎจราจร
교통법규 준수

เราควรรักษากฎจราจรอย่างไรครับ
라오 쿠-언 락 싸- 꼿짜라- 쩌-ㄴ 야ˇ-ㅇ 라이 크랍

เราควรรักษากฎจราจรตามไฟสัญญาณค่ะ
라오 쿠-언 락 싸- 꼿짜라- 쩌-ㄴ 따-ㅁ 화이 싼 야-ㄴ 카ˆ

รถต้องเตรียมหยุดในตอนที่มีไฟเหลืองค่ะ
롯 떠-ㅇ 뜨리-얌 윳 나이 떠-ㄴ 티ˆ- 미- 화이 르ˇ-엉 카ˆ

รถต้องหยุดในตอนที่มีไฟแดงค่ะ
롯 떠-ㅇ 윳 나이 떠-ㄴ 티ˆ- 미- 화이 대-ㅇ 카ˆ

และเราขับรถผ่านได้ในตอนที่มีไฟเขียวค่ะ
래 라오 캅 롯 파ˇ-ㄴ 다이 나이 떠-ㄴ 티ˆ- 미- 화이 키ˇ-야오 카ˆ

เราควรข้ามถนนตอนไหนครับ
라오 쿠-언 카ˆ-ㅁ 타 논 떠-ㄴ 나이 크랍

ในตอนที่มีไฟเขียวตรงทางม้าลายค่ะ
나이 떠-ㄴ 티ˆ- 미 화이 키-야오 뜨롱 타-ㅇ 마ˆ-라-이 카ˆ

เราขึ้นรถได้ที่ไหนครับ
라오 큰 롯 다이 티ˆ- 나이 크랍

แล้วแต่ชนิดของรถค่ะ
래ˆ-오 때ˇ- 차 닛 커ˇ-ㅇ 롯 카ˆ

เราขึ้นรถเมล์ที่ป้ายรถเมล์ค่ะ
라오 큰 롯 메- 티ˆ- 빠ˆ-이 롯 메- 카ˆ

เราขึ้นรถไฟที่สถานีรถไฟค่ะ
라오 큰 롯 화이 티ˆ- 싸 타ˇ-니 롯 화이 카ˆ

เราขึ้นรถไฟใต้ดินที่แต่ละสถานีค่ะ
라오 큰 롯 화이 따이딘 티ˆ- 때ˇ-라 싸타-니- 카ˆ

และเราขึ้นรถแท็กซี่ได้ตามริมถนนค่ะ

래 라오 큰 롯 택 씨- 다이 따-ㅁ 림 타논 카

เราใช้รถบรรทุกเมื่อไรครับ

라오 차이 롯 반 툭 므-어 라이 크랍

เราใช้รถบรรทุกในการขนส่งสินค้าชนิดต่าง ๆ ค่ะ

라오 차이 롯 반 툭 나이 까-ㄴ 콘 쏭 씬 카- 차 닛 땅 따-ㅇ 카

งั้นเราไปลงเรือกันที่ไหนครับ

응안 라오 빠이 롱 르-어 깐 티-나이 크랍

เราไปลงเรือกันที่ท่าเรือค่ะ

라오 빠이 롱 르-어 깐 티- 타- 르-어 카

เราไปขึ้นเครื่องบินกันที่ไหนครับ

라오 빠이 큰 크르-엉빈 깐 티-나이 크랍

เราไปขึ้นเครื่องบินกันที่สนามบินค่ะ

라오 빠이 큰 크르-엉빈 깐 티- 싸나-ㅁ 빈 카

เราควรเตรียมอะไรบ้างในตอนที่ไปต่างประเทศครับ

라오 쿠-언 뜨리-얌 아라이 바-ㅇ 나이 떠-ㄴ 티- 빠이 따-ㅇ 쁘라테-ㅅ 크랍

หนังสือเดินทางกับตั๋วเครื่องบินค่ะ

낭쓰-드어-ㄴ 타-ㅇ 깝 뚜-어 크르-엉 빈 카

จากที่นี่ถึงเมืองไทย ใช้เวลาบินประมาณกี่ชั่วโมงครับ

짜-ㄱ 티-니- 틍 므-엉 타이 차 이 웨-라- 빈 쁘라마-ㄴ 끼- 추-어 모-ㅇ 크랍

ใช้เวลาประมาณ 5 ชั่วโมงค่ะ

차이 웨-라- 쁘라마-ㄴ 하- 추-어 모-ㅇ 카

우리는 어떻게 교통법규를 지켜야 해요 ?
우리는 신호등에 따라 교통법규를 지켜야 해요.
노란불이 있을 때 정차 준비해야 해요.
빨간불이 있을 때 정차해야 해요.
그리고 파랑불이 있을 때 차가 통과할 수 있어요.
우리는 어느때에 길을 건너야 해요 ?
횡단보도에 파랑불이 있을 때요.
우리는 어디서 차를 탈 수 있어요 ?
차의 종류에 따라 틀려요.
우리는 버스 정류장에서 버스를 타요.
우리는 기차역에서 기차를 타요.
우리는 전동차를 각 역에서 타요.
그리고 우리는 도로변에서 택시를 탈 수 있어요.
우리는 언제 화물차를 사용해요 ?
각종 상품을 운송하는데 화물차를 사용해요.
그럼 우리는 어디서 배를 타요 ?
우리는 항구에 가서 배를 타요.
우리는 어디에 가서 비행기를 타요 ?
우리는 공항에 가서 비행기를 타요.
우리는 외국에 갈 때 무엇을 준비해야 해요 ?
여권과 비행기표요.
여기서 태국까지 비행기로 시간이 얼마나 걸려요 ?
약 5 시간 걸려요.

1 단계

단 어 익 히 기

รักษา [락 싸-]	지키다
กฎจราจร [꼿짜라- 쩌-ㄴ]	교통법규
ไฟสัญญาณ [화이 싼 야-ㄴ]	신호등
เตรียม [뜨리-얌]	준비하다
หยุด [윳]	쉬다
ไฟแดง [화이 대-ㅇ]	빨간불
ไฟเขียว [화이 키-야오]	파랑불
ไฟเหลือง [화이 르-엉]	노랑불
รถ [롯]	차
รถยนต์ [롯욘]	자동차
รถไฟ [롯 화이]	기차

รถเมล์[롯 메−]　버스

รถไฟฟ้า[롯 퐈이 퐈−]　전동차

รถไฟใต้ดิน[롯 퐈이 따이 딘]　지하철

รถแท็กซี่[롯 택 씨−]　택시

รถบรรทุก[롯 반 툭]　화물차

เรือ[르−어]　배

เครื่องบิน[크르−엉 삔]　비행기

ขึ้นเครื่องบิน[큰 크르−엉 삔]　비행기 타다

ตั๋วเครื่องบิ[뚜−어 크르−엉 삔]　비행기표

สนามบิน[싸나−ㅁ 삔]　공항

หนังสือเดินทาง[낭쓰−드어−ㄴ 타−ㅇ]　여권

문 법 배 우 기

"แล้ว" 단어용법

1)문미에 오면 수식사로서 완료시제를 나타낸다.

예문 ฝนหยุดตกแล้ว
혼 윳 똑 래−오
비가 이미 그쳤어요.

ฉันหายหวัดแล้ว
챤 하−이 왓 래−오
나는 이미 감기 다 나았어요.

ฉันลืมเวลานัดแล้ว
챤 르−ㅁ 웨−라− 낫 래−오
나는 약속시간을 잊어버렸어요.

เราทำการบ้านเสร็จแล้ว
라오 탐 까−ㄴ 바−ㄴ 쎗 래−오
우리는 이미 숙제를 다 했어요.

เราทานอาหารกลางวันแล้ว

라오 타-ㄴ 아-하-ㄴ 끌라-ㅇ 완 래-오

우리는 이미 점심 식사를 했어요.

2)문두에 오면 접속사로서 "그리고 나서" 라는 뜻을 갖는다.

예문 แล้วไปออกกำลังกาย

래-오 빠이 어-ㄱ 깜 랑 까-이

그리고 나서 운동하러 가요.

แล้วไปต่างจังหวัด

래-오 빠이 따-ㅇ 짱 왓

그리고 나서 지방에 가요.

แล้วทำงานต่อ

래-오 탐 응아-ㄴ 떠-

그리고 나서 계속 일해요.

แล้วตรวจสุขภาพ

래-오 뜨루-엇 쑤카 파-ㅂ

그리고 나서 건강 검사를 해요.

แล้วก็หยุดพักสักครู่

래-오 꺼 윳 팍 싹 크루-

그리고 나서 잠깐 쉬어요.

표 현　따 라 하 기

เราขึ้นรถเมล์ที่ไหนครับ

라오 큰 롯 메-티-나이 크랍

우리는 어디서 버스를 타요 ?

เราขึ้นรถเมล์ที่ป้ายรถเมล์ค่ะ

라오 큰 롯 메-티- 빠-이 롯 메-카

우리는 버스 정류장에서 버스를 타요.

เราขึ้นรถแท็กซี่ที่ไหนครับ

라오 큰 롯 택씨- 티-나이 크랍

우리는 어디서 택시를 타요 ?

เราขึ้นรถแท็กซี่ตามริมถนนค่ะ

라오 큰 롯 택씨- 따-ㅁ 림 타논 카

우리는 도로변에서 택시를 타요.

เราขึ้นรถไฟที่ไหนครับ

라오 큰 롯 화이 티-나이 크랍

우리는 어디서 기차를 타요 ?

เราขึ้นรถไฟที่สถานีรถไฟค่ะ

라오 큰 롯 화이 티-싸타-니- 롯 화이 카

우리는 기차역에서 기차를 타요.

เราขึ้นรถไฟใต้ดินที่ไหนครับ

라오 큰 롯 화이 따이 딘 티- 나이 크랍

우리는 어디서 지하철을 타요 ?

เราขึ้นรถไฟใต้ดินที่แต่ละป้ายค่ะ

라오 큰 롯 화이 따이 딘 티- 때-라 빠-이 카

우리는 각 역에서 지하철을 타요.

เราใช้รถบรรทุกเมื่อไรครับ

라오 차이 롯 반 툭 므-어 라이 크랍

우리는 언제 화물차를 사용해요 ?

เราใช้รถบรรทุกในการขนส่งสินค้าต่าง ๆ ค่ะ

라오 차이 롯 반 툭 나이 까-ㄴ 콘 쏭씬 카- 땅 따-ㅇ카

우리는 각종 상품을 운송하는데 화물차를 사용해요.

เราลงเรือที่ไหนครับ

라오 롱 르-어 티-나이 크랍

우리는 어디서 배를 타요 ?

เราลงเรือที่ท่าเรือค่ะ

라오 롱 르-어 티- 타- 르-어 카

우리는 항구에서 배를 타요.

เราขึ้นเครื่องบินที่ไหนครับ

라오 큰 크르-엉 빈 티-나이 크랍

우리는 어디서 비해기를 타요 ?

เราขึ้นเครื่องบินที่สนามบินค่ะ

라오 큰 크르-엉 빈 티-싸나-ㅁ 빈 카

우리는 공항에서 비행기를 타요.

문 제 풀 기

1.다음 각 문장을 "แล้ว" 라는 단어를 사용하여 태국어로 번역하시오.

1) 신호등에 이미 빨간 불이 켜졌어요.

2) 그 비행기는 이미 출발해 버렸어요.

3) 택시에 가방을 놓고 내렸어요.

4) 여권과 비행기표를 집에 두고 와 버렸어요.

5) 그 열차가 도착한지 얼마나 되었어요 ?

6) 우리는 돈을 벌고 나서 세계 여행하고 싶어요.

7) 당신은 태국에 가서 무엇을 사고 싶어요 ?

8) 당신은 항구에 가서 무슨 배를 탈 거예요 ?

9) 당신은 졸업하고 나서 무엇이 되고 싶어요 ?

10) 우리는 인천공항에서 몇시에 만나기로 약속했어요 ?

2.다음 각 문장을 태국어로 번역하시오.

1)우리는 인천공항 면세점에서 기념품을 샀어요.

2) 차가 밀리고 안 밀리는 것은 때와 장소에 달려 있어요.

3) 우리나라에서 태국까지 항공료가 얼마예요 ?

4) 태국에서 미국까지 비행기로 몇시간 걸려요 ?

5) 태국에는 몇개의 전동차 노선이 있어요 ?

6) 어디에 가서 비행기표를 사요 ?

7) 우리는 기차역에서 기차표를 사요.

8) 여기서 방콕까지 왕복항공료가 얼마예요 ?

9) 요즘 기본 택시 요금이 얼마예요 ?

10) 태국은 기본 전동차 요금이 얼마예요 ?

วันนี้อยากทานอะไรครับ / คะ
오늘 뭘 먹을래요 ?

คุณทานอาหารที่ไหนคะ
쿤 타ー∟ 아ー하ー∟ 티ー 나이 카

ผมทานอาหารเช้าที่บ้านครับ
폼 타ー∟ 아ー하ー∟ 차오 티ー 바ー∟ 크랍

แต่ผมทานอาหารกลางวันในโรงอาหารของบริษัทครับ
때ー 폼 타ー∟ 아ー하ー∟ 끌라ー0 완 나이 로ー0 아ー하ー∟ 커ー0 버ー리 쌋 크랍

และผมทานอาหารเย็นนอกบ้านบ่อย ๆ ครับ
래 폼 타ー∟ 아ー하ー∟ 옌 너ー기 바ー∟ 버이 버ー이 크랍

คุณชอบทานอาหารอะไรคะ
쿤 처ー비 타ー∟ 아ー하ー∟ 아 라이 카

ผมทานอาหารอะไรได้หมดครับ
폼 타ー∟ 아ー하ー∟ 아 라이 다이 못 크랍

คุณเคยทานอาหารเกาหลีไหมคะ
쿤 크어ー이 타ー∟ 아ー하ー∟ 까올 리ー 마이카

ยังไม่เคยครับ
양 마이 크어ー이 크랍

งั้นเราไปทานอาหารเกาหลีดีกว่าค่ะ
응안 라오 빠이 타ー∟ 아ー하ー∟ 까올 리ー 디ー 꽈ー 카

ทางนี้มีร้านอาหารเกาหลีพอดีค่ะ
타ー0 니ー 미ー라ー∟ 아ー하ー∟ 까올 리ー 퍼ー 디ー 카

อาหารเกาหลีมีรสชาติเป็นอย่างไรบ้างครับ
아ー하ー∟ 까올 리ー 미ー 롯 차ー人 뻰 야ー0 라이 바ー0 크랍

ค่อนข้างเผ็ดหน่อยค่ะ
커ー∟ 카ー0 펫 너ー이 카

คนเกาหลีทานอาหารด้วยอะไรครับ

콘 까올 리- 타-ㄴ 아-하ˇ-ㄴ 두-워이 아 라이 크랍

เราทานอาหารด้วยช้อนกับตะเกียบค่ะ

라오 타-ㄴ 아-하ˇ-ㄴ 두-워이 처-ㄴ 깝 따 끼-압 카

แล้วคนไทยละคะ

래-오 콘 타이 라 카

คนไทยทานอาหารด้วยช้อนกับส้อมครับ

콘 타이 타-ㄴ 아-하ˇ-ㄴ 두-워이 처-ㄴ 깝 써-ㅁ 크랍

คุณชอบทานของหวานอะไรคะ

쿤 처-ㅂ 타-ㄴ 커-ㅇ 와-ㄴ 아 라이 카

เอาผลไม้ต่างๆ เป็นอย่างไรครับ

아오 폰 라 마 이 땅 따-ㅇ 뻰 야-ㅇ 라이 크랍

ก็ดีเหมือนกันค่ะ

꺼 디- 므-언 깐 카

식사를 어디서 해요 ?
아침식사는 집에서 해요.
그러나 점심식사는 회사식당에서 해요.
그리고 저녁식사는 자주 밖에서 해요.
무슨 음식을 즐겨 먹어요 ?
무슨 음식이든지 다 먹어요.
한국음식을 먹어 본 적이 있어요 ?
아직요.
그럼 우리 한국음식을 먹으러 가는 게 좋겠어요.
이 쪽에 마침 한국음식점이 있어요.
한국음식은 맛이 어때요 ?
좀 매운 편이에요.
한국 사람은 무엇으로 식사해요?
숟가락과 젓가락으로 식사해요.
그럼 태국사람은요 ?
태국사람은 숟가락과 포크로 식사해요.
무슨 디저트를 즐겨 먹어요 ?
각종 과일이 어때요 ?
그도 좋지요.

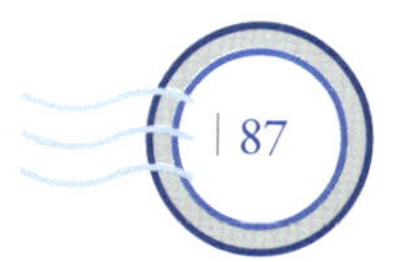

단 어 익 히 기

อาหาร[아-하-ㄴ]	음식
อาหารเช้า[아-하-ㄴ 차오]	아침식사
อาหารกลางวัน[아-하-ㄴ 끌라-ㅇ 완]	점심식사
อาหารเย็น[아-하-ㄴ 옌]	저녁식사
อาหารว่าง[아-하-ㄴ 와-ㅇ]	간식
ของหวาน[커-ㅇ와-ㄴ]	후식
ข้าว[카-오]	밥
กับข้าว[깝 카-오]	반찬
แกง[깨-ㅇ]	국
เครื่องดื่ม[크르-엉드-ㅁ]	음료수
ชา[차-]	차
กาแฟ[까-홰-]	커피
ส้ม[쏨]	오렌지
นม[놈]	우유
เหล้า[라오]	술
กับแกล้ม[깝 끌래-ㅁ]	안주
โต๊ะอาหาร[또 아-하-ㄴ]	식탁
ร้านอาหาร[라-ㄴ아-하-ㄴ]	음식점
ส้อม[써-ㅁ]	포크
ตะเกียบ[따 끼-압]	젓가락
ช้อน[처-ㄴ]	숟가락

문 법 배 우 기

"ก็" 단어용법

1)단문에서 "ก็" 는 "~도" 라는 뜻을 갖는다.

예문 เราก็หิวน้ำ

라오 꺼 히-유 남

우리도 목말라요.

เราก็ไม่มีเงิน

라오 꺼 마이 미-응어-ㄴ

우리도 돈이 없어요.

เขาก็พูดภาษาไทยเป็น

카오 꺼 푸-ㅅ 파-싸- 타이 뻰

그도 태국말을 할 줄 알아요.

คุณก็อยากซื้อไหม

쿤 꺼 야-ㄱ 쓰- 마이

당신도 사고 싶어요 ?

เขาก็โกรธแล้ว

카오 꺼 끄로-ㅅ 래-오

그도 화가 났어요 .

2)중문에서 "ก็" 는 앞에 있는 접속사의 연결어이다.

예문 เมื่อฝนตกเราก็ใช้ร่มกันฝน

므-어 혼 똑 라오 꺼 차이 롬 깐 혼

우리는 비가 올때 우산을 사용해요.

ถ้าคุณมีเวลาว่างก็เชิญไปด้วย

타-쿤 미-웨-라-와-ㅇ 꺼 츠어-ㄴ 빠이 두-워이

시간이 있으면 같이 가요.

พอหิมะตกก็มีรถติดมาก

퍼- 히마 똑 꺼 미- 롯 띳 마-ㄱ

눈이 내리자마자 차가 많이 밀려요.

แม่อากาศหนาวเราก็ขึ้นเขาทุกวัน

매- 아-까-ㅅ 나-오 라오 꺼 큰 카오 툭 완

날씨가 춥더라도 우리는 매일 등산해요.

เท่าที่ฉันรู้เขาก็พูดภาษาไทยเก่ง

타오 티- 찬 루- 카오 꺼 푸-ㅅ 파-싸- 타이 께-ㅇ

내가 아는 한 그는 태국말을 잘해요.

표 현 따 라 하 기

คุณชอบทานอาหารชนิดใดครับ

쿤 처-ㅂ 타-ㄴ 아-하-ㄴ 차 닛 다이 크랍

당신은 어느 종류의 음식을 즐겨 먹어요?

ทานอาหารได้ทุกชนิดค่ะ

타-ㄴ 아-하-ㄴ 다이 툭차 닛 카

모든 종류의 음식을 다 먹을 수 있어요 .

คุณเคยทานอาหารไทยบ้างไหมครับ

쿤 크어-이 타-ㄴ 아-하-ㄴ 타이 바-ㅇ 마이 크랍

태국음식을 먹어 본 적이 있어요 ?

เคยทานสองสามครั้งค่ะ

크어-이 타-ㄴ 써-ㅇ 싸-ㅁ 크랑 카

두세번 먹어 본 적이 있어요 .

รสชาติเป็นอย่างไรบ้างครับ

롯 차-ㅅ 뻰 야-ㅇ 라이 바-ㅇ 크랍

맛이 어때요 ?

คล้ายกับอาหารเกาหลีค่ะ

클라-이 깝 아-하-ㄴ 까올 리- 카

한국음식과 비슷해요.

แต่เผ็ดและเค็มมากกว่าอาหารเกาหลีหน่อยค่ะ

때- 펫 래 켐 마-ㄱ 꽈- 아-하-ㄴ 까올 리- 너-이 카

그러나 한국음식보다 좀 맵고 짜요.

จะสั่งอาหารอะไรครับ

짜 쌍 아-하-ㄴ 아 라이 크랍

무슨 음식을 주문하겠어요?

ขอข้าวเนื้อย่างเกาหลีค่ะ

커- 카-오 느-어 야-ㅇ 까올 리- 카

불고기 백반요.

จะสั่งเหล้าด้วยมั้ยครับ

짜 쌍 라오 두-워이 마이 크랍

술도 주문하시겠어요?

ขอเหล้าเกาหลีหนึ่งขวดค่ะ

커- 라-오 까올 리- 능 쿠-엇 카

한국술 한병 주세요.

จะสั่งของหวานอะไรครับ

짜 쌍 커-ㅇ 와-ㄴ 아 라이 크랍

무슨 디저트를 주문하시겠어요?

ขอชาโสมกับผลไม้ค่ะ

커- 차-쏘-ㅁ 깝 폼 라 마이 카

인삼차와 과일 주세요.

รสชาติเป็นอย่างไรครับ

롯 차-ㅅ 뻰 야-ㅇ 라이 크랍

맛이 어때요?

อร่อยมากค่ะ

아러-이 마-ㄱ 카

아주 맛있어요.

문 제 풀 기

1.다음 각 문장을 "ก็" 라는 단어를 사용하여 태국어로 번역하시오.

1) 우리도 약 2년전에 태국음식을 먹어 본 적이 있어요.

2) 태국도 우리나라와 마찬가지로 하루 세끼 밥을 먹어요.

3) 태국 사람도 한국인삼을 아주 좋하해요.

4) 태국 사람은 매운 음식을 즐겨 먹어요.

5) 우리는 밥을 먹을 때 물을 먼저 마실줄 알아야 해요.

6) 우리나라도 태국음식점이 약 20 여군데 있어요.

7) 만약 술을 마시고 싶으면 안주를 많이 먹어야 해요.

8) 우리는 태국음식점에서 식사할때 각종 반찬을 따로 주문해야 해요.

9) 우리는 아무리 시장할지라도 음식을 서둘러 먹지 말아야 해요.

10) 만약 각종 과일을 먹고 싶으면 태국에 가야 해요.

2.다음 각 문장을 태국어로 번역하시오.

1) 태국 사람은 숫가락과 포크로 밥을 먹어요.

2) 태국 음식은 비교적 짜고 매운 편이에요.

3) 우리는 식전에 물을 마시고 식후에 과일을 먹어야 해요.

4) 우리는 식후에 항상 칫솔질하는 것을 잊지 말아야 해요.

5) 우리는 하루에 반찬을 30 가지 이상 먹어야 해요.

6) 우리는 음식점에서 음식을 조용히 먹을 줄 알아야 해요.

7) 우리는 건강을 위해서 하루 세끼 식사를 4:4:2 의비율로 해야 해요.

8) 우리는 식전에 깨끗이 손씻는 것을 잊지 말아야 해요.

9) 우리는 최소한도 식후 30분 후에 음료수를 마셔햐 해요.

10)우리는 짜고 매운 음식을 되도록이면 적게 먹어야 해요.

บทที่ 10

แต่งตัวให้เรียบร้อยครับ / ค่ะ
말끔히 치장하세요

คุณแต่งตัวด้วยอะไรคะ
쿤 때-ㅇ 뚜-어 두-워이 아 라이 카

ผมแต่งตัวด้วยเสื้อกับกางเกงครับ
폼 때-ㅇ 뚜-어 두-워이 쓰-어 깝 까-ㅇ 께-ㅇ 크랍

คุณสวมเสื้อชนิดไหนบางคะ
쿤 쑤-엄 쓰-어 차 닛 나이 바-ㅇ 카

ผมสวมเสื้อชั้นในกับเสื้อชั้นนอกครับ
폼 쑤-엄 쓰-어 찬 나이 깝 쓰-어 찬 너-ㄱ 크랍

คุณสวมกางเกงชนิดไหนบางคะ
쿤 쑤-엄 까-ㅇ 께-ㅇ 차 닛 나이 바-ㅇ 카

ผมนุ่งกางเกงในกับกางเกงขายาวครับ
폼 눙 까-ㅇ 께-ㅇ 나이 깝 까-ㅇ 께-ㅇ 카-야-오 크랍

คุณชอบคาดเข็มขัดสีอะไรคะ
쿤 처-ㅂ 카-ㅅ 켐 캇 씨- 아 라이 카

ผมชอบคาดเข็มขัดสีน้ำตาลครับ
폼 처-ㅂ 카-ㅅ 켐 캇 씨- 남 따-ㄴ 크랍

คุณแต่งตัวอย่างไรในช่วงเวลาไปทำงานคะ
쿤 때-ㅇ 뚜-어 야-ㅇ 라이 나이 추-엉 웨- 라- 빠이 탐 응아-ㄴ 카

ผมต้องสวมชุดสากลและผูกเน็คไทด้วยครับ
폼 떠-ㅇ쑤-엄 춧 싸-꼰 래 푸-ㄱ 넥 타이 두-워이 크랍

คุณชอบสวมถุงเทากับรองเท้าสีอะไรคะ
쿤 처-ㅂ 쑤-엄 퉁 타오 깝 러-ㅇ 타오 씨- 아 라이 카

ผมชอบสีต่าง ๆ ที่เข้ากับกางเกงครับ
폼 처-ㅂ 씨- 땅 따-ㅇ 티- 카오 깝 까-ㅇ 께-ㅇ 크랍

งันภรรยาของคุณสวมเสื้อผ้าชนิดไหนบางคะ

응안 판 야- 커-ㅇ 쿤 쑤-엄 쓰-어 파- 차 닛' 나이 바-ㅇ 카

เขาสวมเสื้อกับกระโปรงครับ

카오 쑤-엄 쓰--어 깝 끄라 쁘로-ㅇ 크랍

เขาชอบสวมถุงน่องสีอะไรคะ

카오 처-ㅂ 쑤-엄 퉁 너- ㅇ 씨-아 라이 카

เขาชอบสวมถุงน่องสีเนื้อครับ

카오 처-ㅂ 쑤-엄 퉁 너- ㅇ 씨- ㄴ-어 크랍

เขาชอบใส่เครื่องประดับอะไรบ้างคะ

카오 처-ㅂ 싸이 크르-엉 쁘라답 아 라이 바-ㅇ 카

เขาชอบใส่สร้อยคอ ตุ้มหู กำไลมือ และแหวนครับ

카오 처-ㅂ 싸이 써-이 커- 뚬 후- 깜 라이 므-래 왜-ㄴ 크랍

มีเครื่องประดับมากมายนะคะ

미- 크르-엉 쁘라답 마-ㄱ 마-이 나 카

ไม่มากเท่าไรครับ

마이 마-ㄱ 타오 라이 크랍

당신은 무엇으로 치장해요 ?
저는 저고리와 바지로 치장해요.
어느 종류의 옷을 입어요 ?
내복과 외복을 입어요.
어느 종류의 바지를 입어요 ?
팬티와 긴 바지를 입어요.
무슨 색 혁대를 즐겨 매요 ?
갈색 혁대를 즐겨 매요 .
출근할때 어떻게 치장해요 ?
양복을 입고 넥타이를 매야 해요 ?
무슨 색의 양말과 신발을 즐겨 신어요 ?
바지과 맞는 각종 색을 좋아해요.
그럼 부인은 어느 종류의 옷을 입어요 ?
저고리와 치마를 입어요.
무슨 색의 팬티스타킹을 즐겨 신어요 ?
살색 팬티스타킹을 즐겨 신어요.
무슨 악세사리를 즐겨 해요 ?
그는 목걸이와 귀걸이, 팔찌 및 반지를 즐겨 끼어요.
장식품이 아주 많아요.
별로 많지 않아요.

단 어 익 히 기

แต่งตัว[때-ㅇ 뚜-어]	치장하다
เสื้อ[쓰-어]	옷
เสื้อชั้นใน[쓰-어 찬 나이]	내복
เสื้อชั้นนอก[쓰-어 찬 너-ㄱ]	외복
เสื้อแขนยาว[쓰-어 캐-ㄴ 야-오]	긴팔옷
เสื้อแขนสั้น[쓰-어 캐-ㄴ 싼]	반팔옷
เสื้อยืด[쓰-어 이으-ㅅ]	메리아스
เสื้อยกทรง[쓰-어 욕 쏭]	브레지어
เสื้อเชิ้ต[쓰-어 츠어-ㅅ]	와이샤쓰
กางเกง[까-ㅇ 께-ㅇ]	바지
กางเกงขายาว[까-ㅇ 께-ㅇ 카-야-오]	긴바지
กางเกงขาสั้น[까-ㅇ 께-ㅇ 카-싼]	반바지
ชุดสากล[춧 싸-꼰]	양복
เน็คไท[넥 타이]	넥타이
หมวก[무-억]	모자
เข็มขัด[켐 캇]	혁대
ถุงมือ[퉁 므-]	장갑
ถุงเท้า[퉁 타오]	양말
เสื้อกันเปื้อน[쓰-어 깐 쁘-언]	앞치마
ตุ้มหู[뚬 후-]	귀걸이
แหวน[왜-ㄴ]	반지
รองเท้า[러-ㅇ 타오]	신발
รองเท้าหนัง[러-ㅇ 타오 낭]	구두
รองเท้ายาง[러-ㅇ 타오 야-ㅇ]	고무신
รองเท้าแตะ[러-ㅇ 타오때]	스리퍼

2단계

문 법 배 우 기

의문대명사의 부정대명사화 원칙

1) 의문대명사가 들어간 문장에 일부 "ไม่" 와같은 부정진술수식사를 사용할때

ในโรงแรมนี้ไม่มีใครพำนักอยู่

나이 로–ㅇ 래–ㅁ 니– 마이 미– 크라이 팜 낙유–

이 호텔은 투숙자가 아무도 없어요.

ในร้านนี้ไม่มีอะไรเลือกได้เลย

나이 라–ㄴ 니– 마–이 미– 아 라이 르–억 다이 르어–이

이 가게는 전혀 고를 것이 없어요.

วันนี้เราไม่ได้ออกไปที่ไหน

완 니– 라오 마–이 다이 어–ㄱ 빠이 티–나이

오늘 우리는 아무데도 나가지 않았어요 .

2) 의문대명사가 들어간 문장에 "ว่า" 와같은 관계수식사가 들어갔을때

เราทราบดีว่าเขาเป็นใคร

라오 싸–ㅂ 디– 와– 카오 뻰 크라이

우리는 그가 누구인지 잘 알아요.

เราเข้าใจว่าอะไรเป็นอะไร

라오 카오 짜이 와– 아 라이뻰 아 라이

우리는 뭐가 뭔지 이해해요.

เราสงสัยว่าเขาไปที่ไหนมา

라오 쏭 싸이 와– 카오 빠이 티– 나이 마–

우리는 그가 어디에 갔다왔는지 궁금해요.

3)의문대명사가 들어간 문장에 "-ก็ได้"(−해도 되다)와 같은 접속사가 들어갔을때

예문 ใครกลับบ้านก่อนก็ได้

크라이 끌랍 바−ㄴ 꺼−ㄴ 꺼 다이

누가 먼저 귀가해도 돼요 .

เสื้อตัวนั้นเป็นสีอะไรก็ได้

쓰−어 뚜−어 난 뺀 씨− 아 라이 꺼 다이

그 옷은 무슨 색이어도 돼요.

เราไปไหน(ที่ไหน)ก็ได้หมด

라오 빠이 나이(티−나이) 꺼 다이 못

우리는 어디에 가도 다 돼요.

4)의문대명사가 들어간 문장에 "−ก็ดี (ก็ตาม)" (−이든지 간에)와 같은 접속사가 들어갔을때

예문 เขาเป็นใครก็ดี(ก็ตาม) เราไม่สนใจ

카오 뺀 크 라이 꺼 디− (꺼 따−ㅁ) 라오 마이 쏜 짜이

그가 누구이든지 간에 우리는 관심 없어요

เขาทำงานอะไรก็ดี (ก็ตาม) ฉันไม่ชอบเขา

카오 탐 응아−ㄴ 아 라이 꺼 디− (꺼 따−ㅁ) 찬 마이 처−ㅂ 카오

그가 무슨 일을 하든지 간에 나는 그를 좋아하지 않아요.

คุณจะไปไหน(ที่ไหน)ก็ดี (ก็ตาม) ก็ต้องระวังรถเสมอ

쿤 짜 빠아 나이 (티−나이) 꺼 디− (꺼 따−ㅁ) 꺼 떠−ㅇ 라 왕 롯 싸므어−

당신은 어디에 가든지 간에 항상 차를 조심해야 해요.

5)의문대명사가 들어간 문장에 "ก็" (−도)와 같은 접속사가 들어갔을때

예문 เขาก็คงรักใครอยู่

카오 꺼 콩 락 크라이 유−

그도 누구를 사랑하고 있을 거예요.

เขาก็คงอยากทานอะไร

카오 꺼 콩 야−ㄱ 타−ㄴ 아 라이

그도 뭔가 먹고 싶어할 거예요.

เขาก็คงอยากไปไหน (ที่ไหน)

카오 꺼 콩 야–ㄱ 빠이 나이(티–나이)

그도 어딘가 가고 싶어할 거예요.

6)의문대명사가 들어간 문장에 **"ไหม"** (~이요?)나 **"หรือ"** (~이요,아니오?)또는
"ใช่ไหม" (~이지요 ?)등과 같은 의문수식사가 들어갔을때

วันนี้คุณนัดพบใครไหม

완 니– 쿤 낫 폽 크라이 마이

오늘 당신은 누굴 만날 약속했어요 ?

คุณอยากซื้ออะไรหรือ

쿤 야–ㄱ 쓰– 아 라이 르–

당신은 무엇을 사고 싶어요 , 아니오 ?

เขาอยากไปไหน(ที่ไหน)ใช่ไหม

카오 야–ㄱ 빠이 나이 (티–나이) 차이 마이

그는 어디에 가고 싶지요 ?

표 현 따 라 하 기

ตอนอยู่ที่บ้านคุณแต่งตัวอย่างไรคะ

떠–ㄴ 유– 티– 바–ㄴ 쿤 때–ㅇ 뚜–어 야–ㅇ 라이 카

집에서 당신은 어떻게 치장해요 ?

ผมใส่เสื้อกับกางเกงครับ

폼 싸이 쓰–어 깝 까–ㅇ 께–ㅇ 크랍

나는 저고리와 바지를 입어요.

แล้วตอนที่ไปทำงานละคะ

래–오 떠–ㄴ 티– 빠이 탐 응아–ㄴ 라 카

그럼 일하러 갈때는요 ?

ผมใส่ชุดสากลครับ

폼 싸이 춧 싸– 꼰 크랍

나는 양복을 입어요.

และผูกเน็คไทด้วยครับ

래 푸-ㄱ 넥 타이 두-워이 크랍

그리고 넥타이도 매요.

แล้วคุณละครับ

래-오 쿤 라 크랍

그럼 당신은요 ?

ดิฉันใส่เสื้อกับกระโปรงค่ะ

디찬 싸이 쓰-어 깝 끄 라쁘 로-ㅇ 카

저는 저고리와 치마를 입어요.

และใส่สร้อยคอ ตุ้มหู และกำไลข้อมือด้วยค่ะ

래 싸이 써-이 커- 뚬 후- 래 깜 라이 커- 므- 두-워이 카

그리고 목걸이와 귀걸이 및 팔찌도 끼어요.

คุณใส่ชุดชั้นในอะไรครับ

콘 싸이 춧 찬 나이 아 라이 크랍

당신은 무슨 내복을 입어요 ?

ดิฉันใส่เสื้อชั้นใน กางเกงใน และเสื้อยกทรงค่ะ

디 찬 싸이 쓰-어 찬 나이 까-ㅇ 께-ㅇ 나이 래 쓰-어 욕쏭 카

저는 넌닝구와 팬티 및 브레지어를 입어요.

คุณใส่แหวนที่ไหนครับ

쿤 싸이 왜-ㄴ 티- 나이 크랍

어디에 반지를 끼어요 ?

ดิฉันใส่แหวนที่นิ้วนางมือซ้ายค่ะ

디 찬 싸이 왜-ㄴ 티- 니-유 나-ㅇ 므- 싸-이 카

저는 왼손 무명지 손가락에 끼어요.

คุณใส่นาฬิกาข้อมือที่ไหนครับ

쿤 싸이 나- 리 까- 커- 므-티-나이 크랍

어디에 손목 시계를 차요 ?

ดิฉันใส่นาฬิกาข้อมือที่ข้อมือซ้ายค่ะ

디 찬 싸이 나- 리 까- 커- 므-티- 커-므- 싸-이 카

저는 왼손목에 손목 시계를 차요.

문 제 풀 기

1.다음 각 문장을 해당 의문대명사를 사용하여 태국어로 번역하시오.

1) 당신은 무슨 옷을 즐겨 입어요 ?

2) 그것은 누가 사준 모자예요 ?

3) 이것은 어디서 생산하는 양복이에요 ?

4) 회사에 갈때 무엇으로 치장해요 ?

5) 집에서 보통 어디에 양복을 걸어 두어요 ?

6) 겨울에는 주로 무슨 옷으로 추위를 막아요 ?

7) 옷장에는 무슨 가정도구가 준비되어 있어요 ?

8) 주말에는 가족이 무슨 운동을 즐겨 해요 ?

9) 당신은 날씨가 추울때 무슨 모자를 써요 ?

10) 당신은 무슨 색의 넥타이를 좋아해요 ?

2.다음 각 문장을 해당 부정대명사를 사용하여 번역하시오.

1) 당신은 오늘 누구와 만날 약속했지요 ?

2) 저도 무언가 먹고 싶은데 살 돈이 없어요 .

3) 우리는 집에 있을때 무슨 옷을 입어도 상관 없어요.

4) 저는 누가 이 상품을 주문했는지 알고 싶어요.

5) 우리는 태국상품을 어디서 많이 파는지궁금해요.

6) 우리는 어디에 가던지 간에 항상 기본 예의범절을 지켜야 해요.

7) 우리는 그가 무엇을 원하는지 잘 몰라요.

8) 저는 당신이 지금 무엇을 생각하고 있는지 잘 알아요.

9) 저도 이 시장에서 무언가 사고 싶어요.

10)저는 당신이 무슨 옷을 즐겨 입는지 알고 싶어요.

ต่อราคาได้ไหมครับ /คะ
가격을 흥정할 수 있어요 ?

ตามปกติ คุณชอบไปซื้อสินค้าที่ไหนครับ
따−ㅁ 빠까띠 쿤 처−ㅂ 빠이 쓰− 씬 카−티− 나이 크랍

แล้วแต่ชนิดของสินค้าค่ะ
래−오 때−차 닛 커−ㅇ 씬 카− 카

แต่ชอบไปซื้อสินค้าส่วนใหญ่ในห้างสรรพสินค้าค่ะ
때− 처−ㅂ 빠이 쓰− 씬 카−쑤−원 야이 나이 하−ㅇ 쌉파 씬−카− 카

ในห้างสรรพสินค้ามีใครอยู่บ้างครับ
나이 하−ㅇ 쌉파 씬 카− 미− 크라이 유− 바−ㅇ 크랍

มีมัคคุเทศก์ พนักงานขาย และพนักงานเก็บเงินค่ะ
미− 막 쿠 테−ㅅ 파 낙 응아−ㄴ 카−이 래 파 낙 응아−ㄴ껩 응어−ㄴ 카

เราขึ้นข้างบนได้อย่างไรครับ
라오 큰 카−ㅇ 본 다이 야−ㅇ 라이 크랍

เราใช้ลิฟท์หรือบันไดเลื่อนขึ้นข้างบนค่ะ
라오 차이 맆 르− 반 다이 르−언 큰 카−ㅇ 본 카

เราควรต่อราคาหรือเปล่าครับ
라오 쿠−언 떠− 라− 카− 르− 쁠라오 크랍

แล้วแต่ร้านค่ะ
래−오 때− 라−ㄴ 카

เราควรต่อราคาในตลาดทั่วไปค่ะ
라오 쿠−언 떠− 라− 카− 나이 딸라−ㅅ 투−어 빠이 카

แต่ในห้างสรรพสินค้าเราต่อราคาไม่ได้ค่ะ
때− 나이 하−ㅇ 쌉파 씬 카−라오 떠− 라− 카− 마이 다이 카

นักท่องเที่ยวนิยมซื้อสินค้าอะไรครับ
낙 터−ㅇ 티−−야오 니 욤 쓰− 씬 카−아 라이 크랍

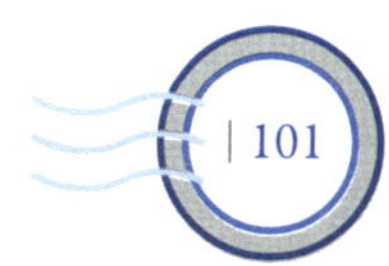

พวกเขาชอบซื้อของที่ระลึกชนิดต่าง ๆ ค่ะ

푸-억 카오 처-ㅂ 쓰-쿠-ㅇ 티- 라 륵 차 닛 땅 따-ㅇ 카

มีผ้าไหมไทยขายที่ไหนครับ

미- 파- 마이 타이 카-이 티- 나이 크랍

มีผ้าไหมไทยขายในตลาดพื้นเมืองค่ะ

미- 파- 마이 타이 카-이 나이 딸라-ㅅ 프-ㄴ 므-엉 카

นี่เป็นของไทยแท้หรือเปล่าครับ

니- 뻰 커-ㅇ 타이 태- 르- 쁠라오 크랍

รับรองค่ะ

랍 러-ㅇ 카

ที่นี่ขายเนื้อผ้าอย่างไรครับ

티- 니- 카-이 느-어 파- 야-ㅇ 라이 크랍

ขายเป็นหลาค่ะ

카-이 뻰 라- 카

ผ้าผืนนี้ราคาเท่าไรครับ

파- 프-ㄴ 니- 라- 카- 타오 라이 크랍

หลาละ 150 บาทค่ะ

라- 라 능러-이 하- 씹 바-ㅅ 카

จะลดราคาให้เท่าไรครับ

짜 롯 라- 카- 하이 타오 라이 크랍

ลดได้หลาละ 10 บาทค่ะ

롯 다이 라- 라 씹 바-ㅅ 카

จะขายถูกกว่านี้อีกไม่ได้หรือครับ

짜 카-이 투-ㄱ 꽈-니- 이-ㄱ 마이 다이 르-크랍

ดิฉันได้คิดราคาถูกที่สุดแล้วค่ะ

디 찬 다이 킷 라- 카- 투-ㄱ 티- 쏫 래-오 카

งั้นขอซื้อห้าหลาสำหรับชุดสากลชุดหนึ่งครับ

응안 커-쓰- 하- 라- 쌈 랍 춧 싸-꼰 춧 능 크랍

ขอบคุณมากค่ะ

커-ㅂ 쿤 마-ㄱ 카

보통 어디에 가서 상품을 즐겨 사요 ?
상품의 종류에 따라 틀려요.
그러나 대부분의 상품을 백화점에 가서 즐겨사요.
백화점에는 누가 있어요 ?
안내원과 판매원 그리고 수금원이 있어요.
우리는 어떻게 윗층에 올라가요 ?
우리는 엘리베이터나 에스카레이터로 윗층에 올라가요.
우리는 가격을 흥정해야 하나요 ?
매점에 따라 틀려요.
우리는 일반 시장에서는 가격을 흥정해야 해요.
그러나 백화점에서는 가격을 흥정할 수 없어요.
관광객은 무슨 상품을 즐겨 사요 ?
그 들은 각종 기념품을 즐겨 사요.
타이실크는 어디서 팔아요 ?
타이실크는 토산품 시장에서 팔아요.
이것은 진짜 태국 거지요 ?
보증해요.
여기서 옷감을 어떻게 팔아요 ?
자로 팔아요.
이 옷감은 값이 얼마예요 ?
자당 150밧이에요.
가격을 얼마나 할인해 줘요 ?
자당 10밧 할인할 수 있어요 .
좀 더 싸게는 팔 수 없어요 ?
가격을 가장 싸게 계산했어요 .
그러면 양복 1 벌 용으로 5자 주세요.
감사합니다.

1 단계

단 어 익 히 기

ซื้อ[쓰-]	사다
ขาย[카ˇ-이]	팔다
สินค้า[씬 카´-]	상품
ร้าน[라´-ㄴ]	가게
ห้างสรรพสินค้า[하^-ㅇ 쌉파 씬-카´-]	백화점
มัคคุเทศก์[막 쿠 테^-ㅅ]	안내원

พนักงานขาย[파 낙 응아-ㄴ 카-이]	판매원
พนักงานเก็บเงิน[파 낙 응아-ㄴ 껩 응어-ㄴ]	수금원
ลิฟท์[립]	엘리베이터
บันไดเลื่อน[반 다이 르-언]	에스카레이터
ของที่ระลึก[커-ㅇ 티-라 륵]	기념품
ต่อราคา[떠- 라- 카-]	가격을 흥정하다
ลดราคา[롯 라-카-]	가격을 할인하다
ตลาด[딸라-ㅅ]	시장
ตลาดทั่วไป[딸라-ㅅ투-어 빠이]	일반시장
ตลาดนัดหาวัน[딸라-ㅅ 낫 하- 환]	5일장시장
ตลาดมืด[딸라-ㅅ 므-ㅅ]	암시장
ตลาดพื้นเมือง[딸라-ㅅ 프-ㄴ 므-엉]	토산품시장
แท้[태-]	진짜
ปลอม[쁠러-ㅁ]	가짜
รับรอง[랍 러-ㅇ]	보증하다
เนื้อผ้า[느-어 파-]	옷감
หลา[라-]	자

문 법 배 우 기

"เป็น" 단어 용법

1)본동사로 사용하면 "-이다" 또는 앞으로 "-이 되다" 라는 뜻을 갖는다.

> **예문** เราเป็นนักธุรกิจ
> 라-오 뻰- 낙 투 라낏
> 우리는 사업가이에요.

> ท่านเป็นประธาน
> 타-ㄴ 뻰 쁘라 타-ㄴ
> 그 분은 사장이에요.

เขาเป็นหมอ

카오 뻰 머-

그는 의사예요.

คุณอยากเป็นอะไรต่อไป

쿤 야-ㄱ 뻰 아 라이 떠- 빠이

당신은 앞으로 무엇이 되고 싶어요 ?

เราควรเป็นนักการทูตต่อไป

라오 쿠-언 뻰 낙 까-ㄴ 투-ㅅ 떠- 빠이

우리는 앞으로 외교관이 되어야 해요.

2)문미에 오는 조동사로 사용하면 "~할 줄 안다" 라는 뜻을 갖는다.

 เขาพูดภาษาไทยไม่เป็น

카오 푸-ㅅ 파- 싸- 타이 마이 뻰

그는 태국어를 말할 줄 몰라요.

เขาเขียนจดหมายภาษาไทยเป็น

카오 키-얀 쫏 마-이 파- 싸- 타이 뻰

그는 태국어 편지를 쓸 줄 알아요.

เขาอ่านหนังสือเป็น

카오 아-ㄴ 낭 쓰-뻰

그는 책을 읽을 줄 알아요.

คุณดื่มเหล้าเป็นไหม

쿤 드-ㅁ 라오 뻰 마이

당신을 술을 마실 줄 알아요 ?

เขาแปลภาษาไทยไม่เป็น

카오 쁠래- 파- 싸- 타이 마이 뻰

그는 태국어를 번역할 줄 몰라요.

3.진치사를 사용하며 "-로" 라는 뜻을 갖는다.

เขาแต่งหนังสือเป็นภาษาไทย

카오 때-ㅇ 낭 쓰- 뻰 파- 싸- 타이

그는 태국어로 책을 써요.

เราแปลภาษาไทยเป็นภาษาเกาหลี

라오 쁠래- 파- 싸- 타이 뻰 파- 싸- 까올 리-

우리는 태국어를 한국어로 번역해요.

เราชอบทานผลไม้เป็นอาหารว่าง

라오 처-ㅂ 타-ㄴ 폰 라 마이 뻰 아-하-ㄴ 와-ㅇ

우리는 과일을 간식으로 즐겨 먹어요.

เราได้รับกระเป๋ามือถือเป็นของขวัญวันเกิด

라오 다이랍 끄라빠오 므- 트- 뻰 커-ㅇ 관 완끄 어-ㅅ

우리는 핸드백을 생일선물로 받았어요.

เราขายสินค้าเป็นโหล

라오 카-이 씬 카- 뻰 로-

우리는 상품을 다즌으로 팔아요.

4)수식사로 사용하면 " 살아 있다 " 라는 뜻을 갖는다.

ภาษาไทยมีคำเป็นและคำตาย

파- 싸- 타이 미- 캄 뻰 래 캄 따-이

태국어는 생음과 사음이 있어요.

ในสวนสัตว์นี้มีแต่สัตว์เป็น

나이 쑤-언 쌋 니-미- 때- 쌋 뻰

이 동물원에는 생동물만 있어요.

ในทะเลมีปลาเป็นนานาชนิด

나이 타 레- 미- 쁠라- 뻰 나- 나- 차-닛

바다에는 각종 생어물이 있어요.

เราอยากได้กุ้งเป็น ๆ

라오 야-ㄱ 다이 꿍 뻰 뻰

우리는 생새우를 갖고 싶어요.

เราชอบดูปลาฉลามเป็น ๆ

라오 처-ㅂ 두- 쁠라- 찰라-ㅁ 뻰 뻰

우리는 생상어 보기를 좋아해요.

표 현 따 라 하 기

นักท่องเที่ยวชอบซื้อสินค้าอะไรครับ
낙 텅- 티-야오 처-ㅂ 쓰- 씬 카- 아 라이 크랍

관광객은 무슨 상품을 즐겨 사요 ?

พวกเขาชอบซื้อสินค้าพื้นเมืองค่ะ
푸-억 카오 처-ㅂ 쓰- 씬 카- 프-ㄴ 므-엉 카

그들은 토산품을 즐겨 사요.

ในห้างสรรพสินค้ามีสินค้าอะไรบ้างครับ
나이 하-ㅇ 쌉파 씬 카- 미- 씬 카- 아 라이 이 바-ㅇ 크랍

백화점에는 무슨 상품들이 있어요 ?

มีสินค้าเกือบทุกชนิดในแต่ละชั้นค่ะ
미- 씬 카-끄-업 툭 차 닛 나이 때-라 찬 카

각 층에 거의 모든 상품이 있어요 .

ในห้างสรรพสินค้าเราต่อราคาได้ไหมครับ
나이 하-ㅇ 쌉 파 씬 카-라오 떠- 라- 카- 다이 마이 크랍

백화점에서 가격을 흥정할 수 있어요 ?

ไม่ได้ค่ะ
마이 다이 카

할 수 없어요.

งั้นเราต่อราคาได้ที่ไหนครับ
응안 라오 떠- 라- 카- 다이 티- 나이 크랍

그럼 우리는 어디서 가격을 흥정할 수 있어요 ?

เราต่อราคาได้ในตลาดทั่วไปค่ะ
라오 떠- 라- 카- 다이 나이 딸라-ㅅ 투-어 빠이 카

우리는 일반시장에서 가격을 흥정할 수 있어요.

เราควรต่อราคาประมาณเท่าไรครับ
라오 쿠-언 떠- 라- 카- 쁘라마-ㄴ 타오 라이 크랍

우리는 대략 어느 정도 가격을 흥정해야 해요 ?

แล้วแต่ชนิดของสินค้าค่ะ

래-오때- 차 닛 커-ㅇ 씬 카- 카

상품의 종류에 따라 틀려요.

문 제 풀 기

1.다음 각 문장을 "เป็น" 이라는 단어를 사용하여 태국어로 번역하시오.

1) 당신은 태국어 편지를 쓸 줄 알아요 ?

2) 당신은 앞으로 무엇이 되고 싶어요 ?

3) 당신은 무슨 상품을 기념품으로 즐겨 사요 ?

4) 당신은 무엇을 간식으로 즐겨 사 먹어요 ?

5) 나는 앞으로 태국에서 일하는 사업가가 되고 싶어요.

6) 다음 상품을 수입상품과 수출상품으로 구분하시오.

7) 우리는 일반시장에서 가격을 흥정할 줄 알아야 해요.

8) 태국에서 가장 유명한 상품이 무슨 상품이에요 ?

9) 이 인삼을 인삼차가루로 갈아 주세요.

10) 이 수표를 현금으로 바꿔 주세요.

2.다음 각 문장을 태국어로 번역하시오.

1) 우리는 대부분의 상품을 백화점에서 즐겨 사요.

2) 관광객은 각 나라의 기념품을 사모으길 좋아해요.

3) 우리나라는 각 지방에 5일장 시장이 있어요.

4) 태국의 주요 수출상품은 각종 농산품과 광산물이에요.

5) 대부분의 백화점이 지하층에서 식료품을 판매해요.

6) 면세점은 주로 각 백화점의 윗층에 있어요.

7) 양복 한벌은 저고리와 바지가 한 세트로 구성되어 있어요.

8) 우리공장은 각종 생산품을 도매가격으로 팔아요.

9) 우리는 일상생활에서 국산품을 애용할 줄 알아야 해요.

10) 우리 회사는 품질좋은 자동차 부품을 생산해요.

ขอดูบัญชีฝากเงินครับ / ค่ะ
저금통장을 보여 주세요.

สวัสดีค่ะ คุณมาฝากเงินหรือคะ
싸 왓 디- 카 쿤 마- 퐈-ㄱ 응어-ㄴ 르- 카

เปล่า ผมมาเบิกเงินครับ
쁠라오 폼 마- 브어-ㄱ 응어-ㄴ 크랍

ขอสมุดธนาคารกับแบบฟอร์มค่ะ
커- 싸뭇 타 나- 카-ㄴ 깝 배-ㅂ 풔-ㅁ 카

นี่ครับ สมุดธนาคารกับแบบฟอร์ม
니- 크랍 싸뭇 타 나- 카-ㄴ 깝 배-ㅂ 풔-ㅁ

จะรับเป็นเงินสดหรือเช็คคะ
짜 랍 뻰 응어-ㄴ 쏫 르- 첵 카

ขอเป็นเงินสดครับ
커- 뻰 응어-ㄴ 쏫 크랍

นี่ค่ะ เงินห้าพันบาทและสมุดธนาคาร
니- 카 응어-ㄴ 하- 퐌 바-ㅅ래 싸뭇 타 나- 카-ㄴ

ที่นี่ขอแลกเงินเหรียญสหรัฐเป็นเงินไทยได้ไหมครับ
티- 니- 커- 래-ㄱ 응어-ㄴ 리-얀 싸하랏 뻰 응어-ㄴ 타이 다이 마이 크랍

ได้ค่ะ จะแลกเงินเท่าไรคะ
다이 카 짜 래-ㄱ 응어-ㄴ 타오 라이 카

ตอนนี้อัตราแลกเงินเท่าไรครับ
떠-ㄴ 니- 앗 뜨라- 래-ㄱ 응어-ㄴ 타오 라이 크랍

วันนี้หนึ่งเหรียญเท่ากับ 39 บาท 40สตางค์ค่ะ
완 니- 능 리-얀 타오 깝 싸-ㅁ씹 까-오 바-ㅅ 씨-씹 싸- 따-ㅇ 카

ขอแลกเงินหนึ่งร้อยเหรียญครับ
커- 래-ㄱ 응어-ㄴ 능 러-이 리-얀 크랍

นี่ค่ะ เงินไทย 3940 บาท
니- 카 응어-ㄴ 타이 싸-ㅁ 판 까-오 러-이 씨- 씹 바-ㅅ

ขอโทษครับที่นี่ขอกู้เงินได้มากเท่าไรครับ
커-토-ㅅ 크랍 티- 니- 커- 꾸- 응어-ㄴ 다이 마-ㄱ 타오 라이 크랍

ให้กู้เงินได้อย่างมากที่สุดห้าแสนบาทค่ะ
하이 꾸- 응어-ㄴ 다이 야-ㅇ 마-ㄱ 티-쏫 하- 쌔-ㄴ 바-ㅅ 카

แต่ต้องมีคนค้ำประกันสองคนด้วยค่ะ
때- 떠-ㅇ 미- 콘 캄 쁘라깐 써-ㅇ 콘 두-워이 카

ขอกู้เงินได้นานเท่าไรครับ
커- 꾸-응어-ㄴ 다이 나-ㄴ 타오 라이 크랍

ต้องใช้หนี้ให้หมดภายในสามปีค่ะ
떠-ㅇ 차이 니- 하이 못 파-이 나이 싸-ㅁ 삐- 카

คิดอัตราดอกเบี้ยประมาณเท่าไรครับ
킷 앗 뜨라- 더-ㄱ 비-야 쁘라마-ㄴ 타오 라이 크랍

ประมาณร้อยละ 11 ค่ะ
쁘라마-ㄴ 러-이라 씹 엣 카

ขอบคุณมากครับ วันหลังมาใหม่นะครับ
커-ㅂ 쿤 마-ㄱ 크랍 완 랑 마- 마이 나 크랍

ขอบคุณมากค่ะที่ใช้ธนาคารเรา
커-ㅂ 쿤 마-ㄱ 카 티- 차이 타 나- 카-ㄴ 라오

안녕하세요 예금하러 왔어요 ?
아니오, 돈을 찾으러 왔어요.
저금통장과 양식을 주세요.
여기 저금통장과 양식이 있어요.
돈을 현금으로 찾겠어요, 수표로 찾겠어요?
현금으로 주세요.
여기 현금 5천바트와 저금통장이 있어요.
여기 달러를 태국돈으로 환전돼요 ?
돼요. 얼마를 환전하시겠어요 ?
지금 환율이 얼마예요 ?
오늘 1$당 39 바트 40싸땅이에요.
100$ 바꿔 주세요.
여기 태국돈 3940바트예요.
미안하지만 여기서 돈을 얼마를 융자할 수 있어요 ?

최고 50만바트까지 융자 할 수 있어요.
그러나 보증인이 두 명 있어야 해요.
얼마나 오랫동안 융자할 수 있어요 ?
3년내에 빚을 다 갚아야 해요.
이율이 대략 얼마예요 ?
약 11%예요.
감사합니다. 다음에 다시 올게요.
우리은행을 이용해 주셔서 대단히 감사해요.

단 어   익 히 기

ธนาคาร[타 나- 카-ㄴ]   은행

สมุดธนาคาร[싸뭇타 나- 카-ㄴ]   통장

ฝากเงิน[화-ㄱ 응어-ㄴ]   저금하다

เบิกเงิน[브어-ㄱ 응어-ㄴ]   돈을 찾다

กู้เงิน[꾸- 응어-ㄴ]   돈을 융자하다

เงิน[응어-ㄴ]   돈

เงินสด[응어-ㄴ 쏫]   현금

เช็ค[첵]   수표

แลก[래-ㄱ]   바꾸다

แลกเงิน[래-ㄱ 응어-ㄴ]   환금하다

เป็นหนี้[뻰 니-]   빚지다

ใช้หนี้[차이 니-]   빚갚다

ค้ำประกัน[캄 쁘라 깐]   보증하다

คนค้ำประกัน[콘 캄 쁘라 깐]   보증인

อัตรา[앗 뜨라-]   비율

ดอกเบี้ย[더-ㄱ 비-야]   이자

อัตราดอกเบี้ย[앗 뜨라- 더-ㄱ 비-야]   이율

ตราชื่อ[뜨라- 츠-]   도장

เซ็นชื่อ[쎈 츠-]   싸인하다

ปั๊มตราชื่อ[빰 뜨라-츠-]   도장찍다

문 법 배 우 기

"ได้" 단어 용법

1)본동사로 사용하면 "얻다" 라는 뜻을 갖는다.

예문 คุณได้เงินจากใคร

쿤 다이 응어-ㄴ 짜-ㄱ 크라이

당신은 누구한테서 돈을 받아요 ?

คุณได้กำไรเท่าไร

쿤 다이 깜 라이 타오 라이

당신은 이익을 얼마 거뒀어요 ?

เราได้ข่าวจากหนังสือพิมพ์

라이 다이 카-오 짜-ㄱ 낭 쓰-핌

우라는 신문에서 소식을 취득해요.

คุณได้ผลอะไร

쿤 다이 폰 아 라이

당신은 무슨 결과를 이뤘어요 ?

คุณได้แต้มเท่าไร

쿤 다이 때-ㅁ 타오 라이

당신은 얼마나 득점했어요 ?

2)본동사 앞에 오는 조동사로 사용하면 "-했다" 라는 과거를 나타낸다.

예문 เรายังไม่ได้ซื้อตั๋ว

라오 양 마이 다이 쓰- 뚜-어

우리는 아직 표를 사지 않았어요.

ฉันยังไม่ได้เตรียมข้อมูลนั้น

찬 양 마이 다이 뜨리-얌 커- 무-ㄴ 난

저는 아직 그 자료를 준비하지 않았어요.

ใครได้จดทะเบียนบ้านหลังนี้

크라이 다이 쫏 타 비-얀 바-ㄴ 랑니-

누가 이 집을 등기했어요 ?

ฝนได้หยุดตกแล้ว

혼 다이 윳 똑 래-오

비가 이미 그쳤어요.

เรายังไม่ได้ต่อราคา

라오 양 마이 다이 떠- 라- 카-

우리는 아직 가격을 흥정하지 않았어요 .

3)문미에 오는 조동사로 사용하면 " -할 수 있다" 라는 능력을 나타내는데, 이를 강조하고 싶을 때에는 본동사 앞에 **"สามารถ"**(~할 수 있다) 라는 조 동사를 삽입한다.

เราพูดภาษาไทยได้

라오 푸-ㅅ 파- 싸- 타이 다이

우리는 태국어를 말할 수 있어요.

เราสูบบุหรี่ในโรงพยาบาลไม่ได้

라오 쑤-ㅂ 부리- 나이 로-ㅇ 파야-바-ㄴ 마이 다이

우리는 병원에서 흡연할 수 없어요.

เราอ่านภาษาไทยได้

라오 아-ㄴ 파- 싸-타이 다이

우리는 태국어를 읽을 수 있어요.

เราสามารถเลิกสูบบุหรี่ได้

라오 싸-마-ㅅ 르ㅓ-ㄱ 쑤-ㅂ 부리- 다이

우리는 능히 담배를 끊을 수 있어요 .

เราสามารถวิ่งตามคุณได้

라오 싸- 마-ㅅ 윙 따-ㅁ 쿤 다이

우리는 능히 당신을 따라 달릴 수 있어요.

표현 따라하기

เมื่อไปธนาคาร เราควรเตรียมอะไรไปบ้างครับ
므-어- 빠-이 타 나 카-ㄴ 라오 쿠-언 뜨리-얌 아 라이 빠이 바-ㅇ 크랍

은행에 갈 때 무엇을 준비해 가야 해요?

เราต้องเตรียมสมุดธนาคารกับตราชื่อค่ะ
라오 떠-ㅇ 뜨리-얌 싸뭇 타 나- 카-ㄴ 깝 뜨라 츠- 카

우리는 통장과 도장을 준비해야 해요.

คุณฝากเงินธนาคารเมื่อไรครับ
쿤 화-ㄱ 응어-ㄴ 타 나- 카-ㄴ 므-어 라이 크랍

당신은 은행에 돈을 언제 저축해요?

ดิฉันฝากเงินทุกปลายเดือนค่ะ
디 찬 화-ㄱ 응어-ㄴ 툭 쁠라-이 드-언 카

저는 매월말에 저축해요.

คุณเบิกเงินเดือนละประมาณเท่าไรครับ
쿤 브ㅓ-ㄱ 응어-ㄴ 드-언 라 쁘라마-ㄴ 타오 라이 크랍

돈을 한달에 얼마씩 찾아요?

ประมาณสองล้านวอนค่ะ
쁘라마-ㄴ 써-ㅇ 라-ㄴ 원 카

약 200만원요.

ตอนนี้อัตราแลกเงินเหรียญเท่าไรครับ
떠-ㄴ 니-앗 뜨라- 래-ㄱ 응어-ㄴ 리-얀 타오 라이 크랍

지금 달러 환율이 얼마예요?

ประมาณเหรียญละ 30 บาทค่ะ
쁘라마-ㄴ 리-얀 라 싸-ㅁ 씹 바-ㅅ 카

약 1$당 30바트예요.

ที่นี่ให้กู้เงินได้มากเท่าไรครับ
티-니- 하이 꾸- 응어-ㄴ 다이 마-ㄱ 타오 라이 크랍

여기서 돈을 얼마나 많이 융자할 수 있어요?

ให้กู้เงินได้มากที่สุดหนึ่งล้านบาทค่ะ

하이 꾸-응어-ㄴ 다이 마-ㄱ 티- 쑷 능 라-ㄴ 바-ㅅ 카

최고 100만 바트까지 융자할 수 있어요.

แต่ต้องมีคนค้ำประกันอย่างน้อยสองคนค่ะ

때- 떠-ㅇ 미- 콘 캄 쁘라 깐 야-ㅇ 너-이 써-ㅇ 콘 카

그러나 보증인이 적어도 두명 있어야 해요.

ให้กู้เงินนานเท่าไรครับ

하이 꾸- 응어-ㄴ 나-ㄴ 타오 라이 크랍

얼마나 오래 융자할 수 있어요 ?

ให้กู้เงินได้สามปีค่ะ

하이 꾸- 응어-ㄴ 다이 싸-ㅁ 삐- 카

3년간 융자할 수 있어요.

문 제 풀 기

1.다음 각 문장을 "ได้" 라는 단어를 사용하여 태국어로 번역하시오.

1) 귀사는 한-태 무역거래에서 이득을 얼마나 거뒀어요?

2) 우리는 계약기간을 더 이상 연기할 수 없어요.

3) 나는 아직 돈을 융자할 수 있는 보증인을 구하지 못 했어요.

4) 당신은 한국으로부터 돈을 얼마나 많이 빌릴 수 있어요 ?

5) 당신은 이번 태국관광에서 어떠한 결과를 얻었어요 ?

6) 우리는 아직 잃어버린 저금 통장을 찾지 못 했어요.

7) 우리 회사는 모든 자동차 부품을 생산할 수 있어요.

8) 이 저금통장은 돈을 최고 천만원까지 융자할 수 있어요.

9) 우리는 아직 여권과 비행기표를 구입하지 못 했어요.

10) 우리는 모든 태국음식을 아주 맛있게 먹을 수 있어요.

2.다음 각 문장을 태국어로 번역하시오.

1) 당신은 돈을 매월 얼마씩 예금해요?

2) 은행에서 돈을 융자할때 무엇이 필요해요 ?

3) 태국에는 은행이 모두 몇가지 종류가 있어요 ?

4) 외한은행과 상업은행 등 약 10가지 종류가 있어요.

5) 지금 달러 환율이 계속 오르고 있어요 .

6) 우리는 은행에 갈때 저금 통장과 도장을 준비해야 해요.

7) 우리는 매월 100만원씩 저축하는 정기 적금 통장을 갖고 있어요.

8) 우리는 은행 비밀번호와 계좌번호를 잘 기억해야 해요.

9) 우리나라의 외환은행은 전세계 각국에 지사를 갖고 있어요.

10)요즘 달러 환율이 점점 낮아지고 있어요.

ถึงเพื่อนรัก
사랑하는 친구에게

จดหมายธรรมดาต้องติดแสตมป์เท่าไรครับ
쫏 마-이 탐 마 다- 떠-ㅇ 띳 싸 때-ㅁ 타오 라이 크랍

สองบาทค่ะ
써-ㅇ 바-ㅅ 카

จดหมายลงทะเบียนกับจดหมายส่งด่วนละครับ
쫏 마-이 롱 타 비-얀 깝 쫏 마-이 쏭 두-언 라 크랍

ต้องชั่งน้ำหนักดูก่อนค่ะ
떠-ㅇ 창 남 낙 두- 꺼-ㄴ 카

จดหมายอากาศฉบับละเท่าไรครับ
쫏 마-이 아-까-ㅅ 차밥 라 타오 라이 크랍

ฉบับละ 15 บาทค่ะ
차밥 라 씹 하- 바-ㅅ 카

ที่นี่มีไปรษนียบัตรขายด้วยใช่ไหมครับ
티- 니- 미- 쁘라이 싸니- 야 밧 카-이 두-워이 차이 마이 크랍

ใช่ค่ะ จะซื้อกี่ฉบับคะ
차이 카 짜 쓰- 끼- 차밥 카

ขอซื้อ 10 ฉบับครับ
커- 쓰- 씹 차밥 크랍

ผมจะทิ้งไปรษณียบัตรได้ที่ไหนครับ
폼 짜 팅 쁘라이 싸니-야 밧 다이 티- 나이 크랍

ทิ้งในตู้ไปรษณีย์ตามถนนค่ะ
팅 나이 뚜- 쁘라이 싸니- 따-ㅁ 타논 카

ที่นี่ส่งเงินทางธนาณัติได้ด้วยใช่ไหมครับ
티- 니- 쏭 응어-ㄴ 타-ㅇ 타 나-낫 다이 두-워이 차이 마이 크랍

ใช่ค่ะ จะส่งเงินเท่าไรคะ

차이 카 짜 쏭 응어-ㄴ 타오 라이 카

จะส่งห้าพันบาทครับ

짜 쏭 하- 판 바-ㅅ 크랍

โปรดเขียนชื่อและที่อยู่ของผู้รับในแบบฟอร์มนี้ค่ะ

쁘로-ㅅ 키-얀 츠- 래 티- 유-커-ㅇ 푸-랍 나이 배-ㅂ 훠-ㅁ 니-카

นี่ครับ เขียนเสร็จแล้วครับ

니- 크랍 키-얀 쎗 래-오 크랍

เรียบร้อยแล้วค่ะ

리-얍 러-이 래-오 카

ขอบคุณมากครับ

커-ㅂ 쿤 마-ㄱ 크랍

보통편지는 얼마짜리 우표를 붙여야 해요 ?
2바트요.
등기편지와 속달편지는요 ?
우선 무게를 달아 봐야 해요.
항공편지는 장당 얼마예요 ?
장당 15 바트예요.
여기 우편 엽서도 팔지요 ?
네, 몇 장 사시겠어요 ?
10 장 주세요.
우편엽서를 어디에 넣지요 ?
도로변에 있는 우체통에 넣으세요.
여기 우편환 송금도 되지요 ?
네, 얼마를 송금하시겠어요 ?
5000바트 송금하겠어요.
이 서식에 수신자의 이름과 주소를 쓰세요.
여기 다 썼어요.
잘 되었어요.
대단히 감사합니다.

단 어 익 히 기

จดหมาย[쫏 마-이]	편지
จดหมายธรรมดา[쫏 마-이 탐 마 다-]	일반편지
จดหมายลงทะเบียน[쫏 마-이 롱 타 비-얀]	등기편지
จดหมายส่งด่วน[쫏 마-이 쏭 두-언]	속달편지
จดหมายทางอากาศ[쫏 마-이 타-ㅇ 아-까-ㅅ]	항공편지
กระดาษจดหมาย[끄라다-ㅅ 쫏 마-이]	편지지
ซองจดหมาย[써-ㅇ 쫏 마-이]	편지봉투
ไปรษณียบัตร[쁘라이 싸니- 야 밧]	우편엽서
ตู้ไปรษณีย์[뚜- 쁘라이 싸니-]	우체통
บุรุษไปรษณีย์[부룻 쁘라이 싸니-]	우체부
ที่ทำการไปรษณีย์[티-탐 까-ㄴ쁘라이 싸니-]	우체국
เมลอากาศ[메-아-까-ㅅ]	항공우편
ธนาณัติ[타 나-낫]	우편환
แสตมป์[싸때-ㅁ]	우표

문 법 배 우 기

항상 문미에 오는 단역의문 수식사 "ไหม" 와 "หรือ" 및 "ใช่ไหม" 의 차이점

1)ไหม (~이요 ?) : 상대방의 의향을 전혀 모르고 질문하는데 사용한다.

예문 คุณทานอาหารไทยเป็นไหม

쿤 타-ㄴ 아-하-ㄴ 타이 뻰 마이

당신은 태국음식을 먹을 줄 알아요 ?

คุณพูดภาษาไทยได้ไหม

쿤 푸-ㅅ 파-싸- 타이 다이 마이

당신은 태국말을 할 수 있어요 ?

คุณมีเงินพอไหม

쿤 미- 응어-ㄴ 퍼- 마이

당신은 돈이 충분해요 ?

เขาทำกับข้าวอร่อยไหม

카오 탐 깝 카-오 아러-이 마이

그는 반찬을 맛있게 만들어요 ?

คุณจำผมได้ไหม

쿤 짬 폼 다이 마이

당신은 나를 기억할 수 있어요 ?

2)หรือ (~이요, 아니요 ?) : 상대방의 의향을 약 50 %정도 알고 질문하는데 사용한다.

예문 คุณทานอาหารเย็นแล้วหรือ

쿤 타-ㄴ 아-하-ㄴ 옌 래-오 르-

당신은 저녁 식사를 했어요 ?

คุณพร้อมแล้วหรือยัง

쿤 프러-ㅁ 래-오 르-양

당신을 준비가 다 됐어요 , 아직요 ?

คุณเห็นด้วยหรือไม่

쿤 헨 두-워이 르- 마이

당신은 동의해요, 안해요 ?

คุณมีเงินพอหรือเปล่า

쿤 미-응어-ㄴ 퍼- 르- 쁠라오

당신은 돈이 춘분해요, 안해요 ?

คุณก็หิวน้ำหรือ

쿤 꺼 히-유 남 르-

당신도 목 말라요 ?

3)ใช่ไหม (이지요 ?) : 상대방의 의향을 약 80-90% 정도 알고 이를 재확인하 는데

사용한다.

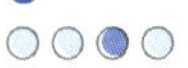

คุณพูดภาษาไทยเป็นใช่ไหม
쿤 푸–ㅅ 파– 싸– 타이 뻰 차이 마이
당신은 태국말을 할 줄 알지요 ?

คุณชอบทานอาหารไทยใช่ไหม
쿤 처–ㅂ 타–ㄴ 아– 하–ㄴ 타이 차이 마이
당신은 태국음식을 즐겨 먹지요 ?

คุณเคยมาที่นี่ใช่ไหม
쿤 크ㅓ–이 마– 티– 니– 차이 마이
당신은 여기에 온 적이 있지요 ?

คุณดื่มเหล้าไม่เป็นใช่ไหม
쿤 드–ㅁ 라오 마이 뻰 차이 마이
당신은 음주할 줄 모르지요 ?

รถคันนี้ปลอดภัยใช่ไหม
롯 칸 니– 쁠러–ㅅ 파이 차이 마이
이 차는 안전하지요?

3단계

○○●○

표 현 따 라 하 기

ที่นี่ขายแสตมป์ช่องไหนครับ
티– 니–카–이 싸 때–ㅁ 처–ㅇ 나이 크랍
여기 어느 창구에서 우표를 팔아요 ?

ขายในช่องนี้ค่ะ
카–이 나이 처–ㅇ 니–카
이 창구에서 팔아요.

จดหมายธรรมดาต้องติดแสตมป์เท่าไรครับ
쫏 마–이 탐 마 다– 떠–ㅇ 띳 싸 때–ㅁ 타오 라이 크랍
일반편지는 얼마짜리 우표를 붙여야 해요 ?

ติดแสตมป์สองบาทค่ะ
띳 싸 때–ㅁ 써–ㅇ 바–ㅅ 카

2 바트짜리 우표를 붙여요.

ถ้าเป็นจดหมายลงทะเบียนละครับ
타- 뻰 쫏 마-이 롱 타 비-얀 라 크랍

만약 등기편지라면요 ?

ต้องชั่งน้ำหนักดูก่อนค่ะ
떠-ㅇ 창 남 낙 두- 꺼-ㄴ 카

무게부터 달아 봐야 해요.

ไปรษณียบัตรฉบับละเท่าไรครับ
쁘 라이 싸니-야 밧 차밥라 타오 라이 크랍

우편엽서는 장당 얼마예요?

ฉบับละ 10 บาทค่ะ
차밥라 씹 바-ㅅ 카

장당 10 바트예요.

ทิ้งไปรษณียบัตรได้ที่ไหนครับ
팅 쁘 라이싸니-야 밧 다이 티-나이 크랍

어디에 우편엽서를 넣지요?

ทิ้งในตู้ไปรษณีย์ตามถนนค่ะ
팅 나이 뚜-쁘라이싸니- 따-ㅁ 타논 카

도로변에 있는 우체통에 넣으세요.

ที่นี่ส่งเงินทางธนาณัติได้ไหมครับ
티-니- 쏭 응어-ㄴ 타-ㅇ 타 나- 낫 다이 마이 크랍

여기서 우편환으로 송금도 돼요?

ได้ค่ะ จะส่งเงินเท่าไรค่ะ
다이 카 짜 쏭 응어-ㄴ 타오 라이 카

예, 얼마를 송금하시겠어요 ?

จะส่งห้าพันบาทครับ
짜 쏭 하- 판 바-ㅅ 크랍

5,000바트 송금하겠어요.

โปรดเขียนชื่อและที่อยู่ผู้รับในแบบฟอร์มนี้ค่ะ

쁘로-ㅅ 키-얀 츠- 래 티-유- 커-ㅇ 푸-랍 나이 배-ㅂ 휘-ㅁ 니- 카

이 서식에 수신자의 이름과 주소를 쓰세요.

นี่ครับ เขียนเรียบร้อยแล้วครับ

니-크랍 키-얀 리-얍 러-이 래-오 크랍

여기 다 썼어요.

กรุณาจ่ายค่าส่งและแสตมป์ 24บาทค่ะ

까루 나- 짜-이 카- 쏭 래 싸 때-ㅁ 이-씹 씨- 바-ㅅ 카

송금료와 우표값 24 바트를 지불하세요.

นี่ครับเงิน 50 บาท

니- 크랍 응언-ㄴ 하-씹 바-ㅅ

นี่ค่ะ เงินทอนกับใบเสร็จ

니- 카 응어-ㄴ 터-ㄴ 깝 바이 쎗

여기 거스름돈과 영수증이에요.

ขอบคุณมากครับ

커-ㅂ 쿤 마-ㄱ 크랍

대단히 감사합니다.

문 제 풀 기

1.다음 각 문장을 "ไหม" 나 "หรือ" 또는   "ใช่ไหม" 라는 단역의문수식사를 사용하여 태국어로 번역하시오.

1) 당신은 태국에 갔다 온 적이 있어요 ?

2) 당신은 태국어를 한국어로 번역할 수 있어요 ?

3) 당신은 태국어 편지를 써 본 적이 있어요 ?

4) 여기서 우체국이 멀어요, 가까워요 ?

5) 당신은 수신자의 주소를 알아요,몰라요 ?

6) 당신은 이미 여권을 준비했어요,아직요 ?

7) 당신은 결혼 청첩장을 이미 다 보냈어요 ?

8) 우리나라에서 태국까지 일반편지는 약4-5일 걸리지요 ?

9) 당신은 약 2년전에 태국에 갔다온 적이 있지요 ?

10) 여기서 우편환 송금도 되지요 ?

2.다음 각 문장을 태국어로 번역하시오.

1) 우리나라에서 태국까지 화물운송기간이 얼마나 걸려요 ?
2) 속달편지는 일반편지보다 얼마나 더 빨라요 ?
3) 일반편지와 등기편지는 어떻게 달라요 ?
4) 각 우체국에서도 신년연하장을 모두 팔지요 ?
5) 우편 엽서는 도로 변에 있는 우체통에 넣으세요 .
6) 당신은 이번에 우편 송금을 얼마하시겠어요 ?
7) 편지봉투에 주소와 번지수를 똑바로 쓰세요.
8) 편지봉투에 주소를 쓰고 우편번호 쓰는 것을 잊지 마세요.
9)화물을 배로 보내면 시간이 오래 걸려요.
10) 중요한 편지는 반드시 등기로 보내세요.

การรักษาสุขภาพอนามัย
건강보호

ในองค์การอนามัยมีอะไรบ้างครับ
나이 옹 까–ㄴ 아나–마이 미– 아 라이 바̂–ㅇ 크랍

มีโรงพยาบาล ร้านขายยา และสถานีอนามัยค่ะ
미– 로–ㅇ 파 야̀– 바–ㄴ 라–ㄴ 카̌–이 야̀– 래 싸 타̌–니– 아나–마이 카̂

ในโรงพยาบาลมีใครบ้างครับ
나이 로–ㅇ 파̀–야̀–바–ㄴ 미– 크라이 바̂–ㅇ 크랍

มีหมอกับนางพยางบาลค่ะ
미– 머̌–깝 나̀–ㅇ 파 야̀– 바–ㄴ 카̂

ใครขายยาในร้านขายยาครับ
크라이 카̌–이 야̀– 나이 라–ㄴ 카̌–이 야̀– 크랍

หมอยาขายยาจีนกับยาฝรั่งชนิดต่าง ๆ ค่ะ
머̌– 야̀– 카̌–이 야̀– 찌–ㄴ 깝 야̀– 화랑 차 닛 땅 따̀–ㅇ 카̂

ในสถานีอนามัยมีอะไรบ้างครับ
나이 싸타̌–니– 아나– 마이 미– 아 라이 바̂–ㅇ 크랍

มีหนังสือตรวจสุขภาพอนามัยชนิดต่าง ๆ ค่ะ
미– 낭 쓰– 뜨루–엇 쑥카파̂–ㅂ 아나– 마이 차 닛 땅 따̀–ㅇ카̂

คุณหมอรักษาโรคด้วยอะไรครับ
쿤 머̌– 락 싸̌–로̂–ㄱ 두̂–워이 아 라이 크랍

ด้วยเครื่องฉีดยากับยารักษาโรคค่ะ
두̂–워이 크르̂–엉 치̀–ㅅ 야̀– 깝 야̀– 락̃ 싸̌– 로̂–ㄱ 카̂

เราป้องกันโรคระบาดได้อย่างไรครับ
라오 뻐̂–ㅇ 깐 로̂–ㄱ 라 바̀–ㅅ 다̂이 야̀–ㅇ 라이 크랍

เราควรฉีดวัคซีนป้องกันค่ะ
라오 쿠–언 치̀–ㅅ 왁 씨–ㄴ 뻐̂–ㅇ 깐 카̂

เราป้องกันโรคล่วงหน้าได้อย่างไรครับ

라오 삐^-ㅇ 깐 로^-ㄱ 루^-엉 나^- 다이 야^-ㅇ 라이 크랍

เราควรตรวจสุขภาพอนามัยเป็นประจำทุกปีค่ะ

라오 쿠^-언 뜨루^-엇 쑤카파^-ㅂ 아나^- 마이 뻰 쁘라 짬 툭 삐^-카

และเราไม่ควรลืมออกกำลังกายด้วยค่ะ

래 라오 마이 쿠^-언 르^-ㅁ 어^-ㄱ 깜 랑 까^-이 두^-워이 카

의료기관에는 무엇들이 있어요 ?
병원과 약국 및 보건소가 있어요.
병원에는 누가 있어요 ?
의사와 간호사가 있어요.
누가 약국에서 약을 팔아요 ?
약사가 각종 한약과 양약을 팔아요.
보건소에는 무엇들이 있어요. ?
각종 건강진단서가 있어요.
의사는 무엇으로 질병을 치료해요 ?
주사기와 약으로요.
우리는 어떻게 전염병을 예방할 수 있어요.
방지제를 맞도록 해야 해요.
우리는 어떻게 질병을 예방할 수 있어요 ?
우리는 매년 정규적으로 신체검사를 해야 해 요 .
그리고 우리는 매일 운동하는 것도 잊지 말아야 해요 .

단 어 익 히 기

สุขภาพ[쑤카파^-ㅂ]	건강
อนามัย[아나^-마이]	보건
องค์การ[옹 까^-ㄴ]	기관
องค์การอนามัย[옹 까^-ㄴ 아나^-마이]	의료기관
สถานีอนามัย[싸 타^-니^- 아나^-마이]	보건소
โรงพยาบาล[로^-ㅇ 파 야^- 바^-ㄴ]	병원
ร้านขายยา[라^-ㄴ 카^-이 야^-]	약국
หมอ[머^-]	의사

หมอยา[머-야-]   약사

นางพยาบาล[나-ㅇ 파 야- 바-ㄴ]   간호사

ยาจีน[야- 찌-ㄴ]   한약

ยาฝรั่ง[야- 화 랑]   양약

โรค[로-ㄱ]   질병

โรคติดต่อ[로-ㄱ 띳 떠-]   전염병

โรคระบาด[로-ㄱ 라 바-ㅅ]   유행병

โรคหวัด[로- 왓]   감기

ป้องกันโรค[뻐-ㅇ 깐 로-ㄱ]   질병을 예방하다

อหิวาตกโรค[아 히 와- 따 까 로-ㄱ]   콜레라

ป้องกัน[뻐-ㅇ 깐]   방어하다

ล่วงหน้า[루-엉 나-]   미리

ออกกำลังกาย[어-ㄱ 깜 랑 까-이]   운동하다

เป็นประจำ[뻰 쁘라 짬]   정규적으로

문 법   배 우 기

의문수식사의 부정지시수식사화 원칙

1)의문수식사가 들어간 문장에 일부 "ไม่" 와 같은 부정진술수식사를 사용했을 때

เรารู้จักเขาไม่นานท่าไร

라오 루-짝 카오 마이 나-ㄴ 타오 라이

우리는 그를 안지 얼마 안 되었어요.

เรารู้ภาษาไทยไม่มากเท่าไร

라오 루- 파-싸- 타이 마이 마-ㄱ 타오 라이

우리는 태국어를 별로 많이 몰라요.

เราใช้เวลาไม่กี่ชั่วโมง

라오 차이 웨–ㄹ 라– 마이 끼–추–어 모–ㅇ

우리는 몇시간 걸리지 않았어요.

2)의문수식사가 들어간 문장에 "ว่า"와 같은 관계수식사가 들어갔을때

ฉันอยากรู้ว่าคุณชอบเขาทำไม

찬 야–ㄱ 루– 와– 쿤 처–ㅂ 카오 탐 마이

나는 당신이 왜 그를 좋아하는지 알고 싶어요.

ฉันไม่รู้ว่าตอนนี้เป็นเวลากี่โมงแล้ว

찬 마이 루– 와– 떠–ㄴ 니– 뻰 웨–ㄹ 라–끼–모–ㅇ 래–오

나는 지금 몇시가 되었는지 몰라요.

เขาถามว่าฉันชอบคนไหน

카오 타–ㅁ 와–찬 처–ㅂ 콘 나이

그는 내가 어느 사람을 좋아하느냐고 물었어요.

3)의문수식사가 들어간 문장에 "-ก็ได้"(–해도 되다) 와 같은 접속사가 들어 갔을때

คนเราจะชอบคนแบบไหนก็ได้

콘 라오 짜 처–ㅂ 콘 배–ㅂ 나이 꺼 다이

우리는 어느 사람을 좋아해도 돼요.

กีฬาชนิดนี้ เล่นอย่างไรก็ได้

끼– 라– 차 닛 니–레–ㄴ 야–ㅇ 라이 꺼 다이

이 경기는 어떻게 해도 돼요.

คุณบริจาคเงินเท่าไรก็ได้

쿤 버–리 짜–ㄱ 응어–ㄴ 타오 라이 꺼 다이

당신은 돈을 얼마 헌납해도 돼요.

4)의문수식사가 들어간 문장에 "-ก็ดี"(ก็ตาม) (~이든지 간에) 와같은 접속사가 들어갔을 때

สุขภาพเป็นยังไงก็ดีอย่าลืมตรวจทุกปี

쑤 카파–ㅂ 뻰 양 응아이 꺼 디– 야–르–ㅁ 뜨루–엇 툭 삐–

건강이 어떻든간에 매년 검사하는 것을 잊지 말아요.

คุณจะมาหาเมื่อไรก็ตาม กรุณาโทรมาบอกล่วงหน้า

쿤 짜 마-하- 므-어 라이 꺼 따-ㅁ 까루 나- 토-마- 버-ㄱ 루-엉 나-
당신이 언제 찾아오던지 간에 미리 전화를 주세요.

อากาศเป็นอย่างไรก็ตามเราต้องรักษาเวลานัดให้ได้

아-까-ㅅ뻰야-ㅇ 라이 꺼 디- 라오 떠-ㅇ 락 싸- 웨-ㄹ 라- 낫 하이 다이
날씨가 어떻든간에 우리는 약속 시간을 잘 지켜야 해요.

5)의문수식사가 들어간 문장에 "**หรือ**"(~이요,아니오 ?) 와 같은 의문수식사가 들어
갔을 때

예문 **คุณทำงานผิดอย่างไรหรือ**

쿤 탐 응아-ㄴ 핏 양 라이 르-
당신은 어떻게 일을 잘 못 했어요?

คุณคิดเงินผิดกี่บาทหรือ

쿤 킷 응어-ㄴ 핏 끼- 바-ㅅ 르-
당신은 돈을 몇 바트 잘 못 계산한거예요 ?

คุณจะใช้เวลานานเท่าใดหรือ

쿤 짜 차 이 웨-ㄹ 라- 나-ㄴ 타오 다이 르-
당신은 시간을 얼마동안 오래 사용할 거예요 ?

표 현 따 라 하 기

โรงพยาบาลมีห้องอะไรบ้างครับ

로-ㅇ 파 야- 바-ㄴ 미-허-ㅇ 아 라이 바-ㅇ 크랍
병원에는 무슨 방이 있어요 ?

มีห้องหมอกับห้องนางพยาบาลค่ะ

미- 허-ㅇ 머- 깝 허-ㅇ 나-ㅇ 파 야- 바-ㄴ 카
의사실과 간호사실이 있어요.

มีห้องตรวจกับห้องยาค่ะ

미- 허-ㅇ 뜨-루-엇 깝 허-ㅇ 야-카
진료실과 견제실이 있어요.

และมีห้องปฐมพยาบาลกับห้องติดต่อกิจการทั่วไปค่ะ

래 미-허̂-ㅇ 빠톰 파 야- 바-ㄴ 깝 허̂-ㅇ 띳 떠낏짜까-ㄴ 투-어 빠이 카

그리고 응급실과 일반 사무실이 있어요.

โรงพยาบาลมีอะไรบ้างครับ

로̂-ㅇ 파 야-바-ㄴ 미- 아 라이 바̂-ㅇ 크랍

병원에는 무엇들이 있어요 ?

มีรถพยาบาลกับรถบรรทุกศพค่ะ

미-롯 파 야-바-ㄴ 깝 롯 반 툭 쏩 카

구급차와 영구차가 있어요.

มีเครื่องตรวจโรคชนิดต่าง ๆ ค่ะ

미- 크 르̂-엉 뜨-루̀-엇 로̂-ㄱ 차 닛 땅 따̀-ㅇ 카

각종 진찰기가 있어요.

และมีเครื่องรักษาโรคหลายชนิดค่ะ

래 미- 크르̂-엉 락 싸- 로̂-ㄱ 라̀-이 차 닛 카

그리고 여러가지의 질병치료기가 있어요.

ร้านขายยามีอะไรบ้างครับ

라́-ㄴ 카̌-이 야-미- 아 라이 바̂-ㅇ 크랍

약국에는 무엇이 있어요 ?

มียาเม็ดกับยาผงค่ะ

미- 야-멛 깝 야- 퐁 카

알약과 가루약이 있어요.

ใครขายยาครับ

크라이 카̌-이 야- 크랍

누가 약을 팔아요 ?

หมอยาขายยาค่ะ

머̌- 야- 카̌-이 야-카

약사가 약을 팔아요.

คุณหมอรักษาโรคด้วยอะไรครับ

쿤 머̌-락 싸-로̂-ㄱ 두̂-워이 아 라이 크랍

의사는 무엇으로 질병을 치료해요 ?

ด้วยเครื่องฉีดยากับยารักษาโรคค่ะ

두-워이 크르- 치-ㅅ 야- 깝 야-락 싸- 로-ㄱ 카

주사기과 의약으로요.

เราป้องกันโรคได้อย่างไรครับ

라오 뻐-ㅇ 깐 로-ㄱ 다이 야-ㅇ 라이 크랍

우리는 어떻게 질병을 예방할 수 있어요 ?

เราต้องตรวจสุขภาพอนามัยทุกปี ๆ ละครั้งค่ะ

라오 떠-ㅇ 뜨루-엇 쑤카파-ㅂ 아나-마-이 툭 삐- 삐-라 크랑 카

우리는 매년 한 번씩 신체검사를 해야 해요 .

และควรออกกำลังกายเป็นประจำทุกวันด้วยค่ะ

래 쿠-언 어-ㄱ 깜 랑 까-이 뻰 쁘라 짬 툭 완 두-워이 카

그리고 매일 정규적으로 운동도 해야 해요.

4단계

문 제 풀 기

1.다음 각 문장을 해당 의문수식사를 사용하여 태국어로 번역하시오.

1) 당신은 어느 병을 제일 무서워해요?

2) 당신은 감기 걸린 지 얼마나 오래 되었어요 ?

3) 요즘 그는 왜 병원에 자주 가요 ?

4) 우리는 언제 독감예방 주사를 맞아야 해요 ?

5) 일반적으로 각 병원은 몇시부터 몇시까지 환자를 받아요 ?

6) 보통 병원 입원비는 하루에 얼마예요 ?

7) 한국에서 어느 병원이 제일 유명해요 ?

8) 우리는 어떻게 운동해야 질병을 예방 할 수 있어요 ?

9) 우리는 하루에 몇시간 수면해야 해요 ?

10)당신은 신체검사를 받은지 얼마나 오래 되었어요?

2.다음 각 문장을 해당 부정지시 수식사를 사용하여 번역하시오.

1) 저는 건강해 아직 어느 약도 먹어 본 적이 없어요.

2) 저는 그가 언제부터 아프기 시작했는지 몰라요.

3) 저는 그가 어느 종류의 약을 원하는지 잘 알아요.

4) 저는 왜 아직도 고혈압병을 못 고치는지 답답해요.

5) 우리는 그의 건강이 얼마나 회복되었는지 궁금해요.

6) 우리는 암을 어떻게 예방할 수 있는지 알고 싶어요.

7) 이 병원에도 입원환자가 그리 많지 않아요.

8) 저는 어떻게 몸무게를 줄일 수 있는지 몰라요.

9) 저는 그가 왜 안경을 즐겨 쓰는지 묻고 싶어요.

10)우리는 어느 병에 걸리든지간에 항상 전문의사를 찾아가야 해요.

การใช้ร้านเสริมสวย
미용실 사용

สวัสดีค่ะ เชิญทางนี้ค่ะ
싸왓디-카 츠어-ㄴ 타-ㅇ 니- 카

ต้องการทรงผมแบบไหนคะ
떠-ㅇ 까-ㄴ 쏭 폼 배-ㅂ 나이 카

ทรงเก่าเป็นอย่างไรครับ
쏭 까오 뻰 야-ㅇ 라이 크랍

รู้สึกสองข้างยาวไปค่ะ
루-쓱 써-ㅇ 카-ㅇ 야-오 빠이 카

งั้นแล้วแต่ช่างครับ
응 안 래-오 때- 차-ㅇ 크랍

ไว้หนวดไหมคะ
와 이 누-엇 마이 카

ครับ แต่ไม่ไว้จอนกับเคราครับ
크랍 때- 마이 와 이 쩌-ㄴ 깝 크라오 크랍

รู้สึกผมหงอกมากหน่อยค่ะ
루-쓱 폼 응어-ㄱ 마-ㄱ 너-이 카

จะให้ย้อมผมไหมคะ
짜 하이 여-ㅁ 폼 마이 카

ไม่ต้องก็ได้ครับ
마이 떠-ㅇ 꺼 다이 크랍

จะให้ดัดผมไหมคะ
짜 하이 닷 폼 마이 카

ครับ ดัดผมให้หน่อยครับ
크랍 닷 폼 하이 너-이 크랍

ดัดผมเสร็จแล้วค่ะ

닷 폼 쎗 래-오 카

เชิญมาสระผมที่นี่ค่ะ

츠어-ㄴ 마- 싸폼 티-니- 카

จะใช้ครีมใส่ผมไหมคะ

짜 차이 크리-ㅁ 싸이 폼 마이 카

ใส่หน่อยก็ดีครับ

싸이 너-이 꺼 디-크랍

เป็นอย่างไรคะ

뻰 야-ㅇ 라이 카

ใช้ได้ไหมคะ

차이 다이 마이 카

ครับ เรียบร้อยดีครับ

크랍 리-압 러-이 디- 크랍

ทั้งหมดราคาเท่าไรครับ

탕 못 라- 카- 타오 라이 크랍

100 บาทพอดีค่ะ

능 러-이 바-ㅅ 퍼-디- 카

นี่ครับ เงิน

니- 크랍응어-ㄴ

ขอบคุณค่ะ วันหลังเชิญมาใหม่นะคะ

커-ㅂ 쿤 카 완 랑 츠어-ㄴ 마- 마이 나 카

안녕하세요. 이쪽으로 오세요.
어떤 헤어스타일을 원하세요 ?
전 스타일 대로면 어때요 ?
양쪽이 좀 긴 것 같아요.
그럼 알아서 해 주세요.
콧수염을 길르세요 ?
네,그러나 구렛나루와 턱수염은 기르지 않아요.
머리가 좀 많이 쉰 것 같아요.
염색하시겠어요 ?
안 해도 돼요.
파마하시겠어요?
네, 파마 좀 잘 해 주세요.

파마가 다 됐어요.
이리와 머리를 감으세요.
미리에 기름을 바르시겠어요?
좀 발라 주세요.
어때요 ?
마음에 들어요 ?
네,잘 했어요.
값이 모두 얼마예요 ?
마침 100밧이에요.
돈 여기 있어요.
감사합니다. 다음에 또 오세요.

단 어 익 히 기

ร้านตัดผม[라-ㄴ 땃 폼]   이발소

ร้านเสริมสวย[라-ㄴ 쓰어-ㅁ 쑤-워이]   미용실

ทรงผม[쏭 폼]   헤어스타일

ทรงเก่า[쏭 까오]   전헤어스타일

ทรงใหม่[쏭 마이]   새헤어스타일

ช่างตัดผม[차-ㅇ 땃 폼]   이발사

ช่างเสริมสวย[차-ㅇ 쓰어-ㅁ 쑤-워이]   미용사

ไว้ผม[와 이 폼]   머리를 기르다

ไว้หนวด[와 이 누-엇]   콧수염을 기르다

ไว้เครา[와 이 크 라오]   턱수염을 기르다

ไว้จอน[와 이 쩌-ㄴ]   구렛나루를 기르다

หยุดอก[응어-ㄱ]   쉬다

ย้อมผม[여-ㅁ 폼]   염색하다

ดัดผม[닷 폼]   파마하다

สระผม[싸 폼]   머리감다

ครีม[크리-ㅁ]   크림

ครีมใส่ผม[크리-ㅁ 싸이 폼]   머리크림

ครีมโกนหนวด[크리-ㅁ 꼬-ㄴ 누-엇]　　　　　　　　면도크림

เครื่องตัดผม[크리-엉 땃 폼ˇ]　　　　　　　　이발기

เครื่องโกนหนวด[크리-엉 꼬-ㄴ 누-엇]　　　　　　면도기

หวี[위-]　　　　　　　　　　　　　　　빗

ลิปสติก[립 싸띡]　　　　　　　　　　　입술연지

2단계

문 법 배 우 기

조동사 "ขอ" 와 　"ขอให้" 의 구분원칙

조동사 "ขอ" (~주세요)는 문두에 와서 본인의 요구를 나타내고 "ขอให้" (~해요)는
문두에 와서 상대방에게 권유를 나타낸다

ขอดูหนังสือเดินทางหน่อย

커-두-낭 쓰- 드어-ㄴ 타-ㅇ 너-이

여권 좀 보여 주세요.

ขอชาโสมแก้วหนึ่ง

커- 차- 쏘-ㅁ 깨-오 능

인삼차 한 잔 주세요.

ขอดูรายการอาหารหน่อย

커- 두- 라-이 까-ㄴ 아- 하-ㄴ 너-이

메뉴 좀 보여 주세요.

ขอยืมเงินหน่อย

커-이으-ㅁ 응어-ㄴ 너-이

돈 좀 빌려 주세요.

ขอใช้ห้องน้ำหน่อย

커- 차이 허-ㅇ 남 너-이

화장실 좀 사용하겠어요.

ขอให้บำรุงสุขภาพให้ดี

커- 하이 밤 룽 쑤 카파-ㅂ 하이 디-

건강을 잘 보호하세요.

ขอให้ประสบแต่ความสุขความเจริญ

커-하이 쁘라쏩 때- 콰-ㅁ 쑥 콰-ㅁ 짜 르어-ㄴ

행운과 발전을 기원해요.

ขอให้ประสบความสำเร็จให้ได้

커- 하이 쁘라쏩 콰-ㅁ 쌈렛 하이 다이

꼭 성공하시길 발겠어요.

ขอให้เจริญยิ่ง ๆ ขึ้นไป

커- 하이 짜 르어-ㄴ 잉 잉 큰 빠이

한층 더 발전하세요.

ขอให้มีกำลังใจ

커- 하이 미- 깜 랑 짜이

용기를 내세요.

표 현 따 라 하 기

คุณต้องการทรงผมแบบไหนคะ

쿤 떠-ㅇ 까-ㄴ 쏭 폼 배-ㅂ 나이 카

어느 헤어스타일을 원하세요 ?

ทรงเก่าเป็นอย่างไรครับ

쏭 까오 뻰 야-ㅇ 라이 크랍

전스타일은 어때요 ?

ก็ดีเหมือนกันค่ะ

꺼 디- 므-언 깐 카

그것도 좋아요.

แต่ตอนนี้นิยมไว้ผมให้ยาวหน่อยค่ะ

때- 떠-ㄴ 니- 니 욤 와 이 폼 하이 야-오 너-이 카

그러나 요즘 좀 길게 기르는 것이 유행이에요.

งั้นแล้วแต่ช่างครับ

응 안 래-오 때- 차̂-ㅇ 크랍
그럼 이발사가 알아서 해 주세요.

จะไว้หนวดไหมคะ

짜 와이 누̀-엇 마̆이 카́
콧수염을 기르겠어요 ?

ครับ แต่ไม่ไว้จอนกับเคราครับ

크랍 때̀- 마̂이 와́이 쩌-ㄴ 깝 크라오 크랍
네, 그러나 구렛나루와 턱수염은 안 길러요 .

ตัดผมและโกนหนวดเสร็จแล้วค่ะ

땃 폼 래 꼬-ㄴ 누̀-엇 쎗 래́-오 카̂
이발과 면도가 다 끝났어요.

เชิญมาสระผมที่นี่ค่ะ

츠어-ㄴ 마- 싸̀폼 티̂- 니̂- 카̂
이리와서 머리를 감으세요.

จะใช้ครีมใส่ผมไหมคะ

짜 차́이 크리-ㅁ 싸̀이 폼 마̆이 카́
머릿기름을 바르겠어요?

ใส่หน่อยก็ดีครับ

싸̀이 너̀-이 꺼̂ 디- 크랍
좀 발라 주세요.

เป็นอย่างไรคะ ใช้ได้ไหมคะ

뻰 야̀-ㅇ 라이 카́ 차́이 다̂이 마̆이 카́
어때요 ? 마음에 들어요 ?

ครับ เรียบร้อยดีครับ

크랍 리̂-얍 러́-이 디- 크랍
네, 잘 됐어요.

ขอบคุณมากค่ะ วันหลังเชิญมาใหม่นะคะ

커̆-ㅂ 쿤 마̂-ㄱ 카̂ 완 랑 츠어-ㄴ 마- 마̀-이 나 카́
대단히 감사합니다. 다음에 또 오세요.

문 제 풀 기

1.다음 각 문장을 조동사 "ขอ" 와 "ขอให้" 가운데 올바른 조동사를 골라 태국어로 번역하시오.

1) 여권과 비행기표 좀 보여 주세요.

2) 앞으로 항상 행운과 발전이 함께 하시길 기원해요.

3) 다시한번 생각할 수 있는 기회를 주세요.

4) 우선 그 문제를 해결할 수 있는 세부자료를 주세요.

5) 이미 정해진 약속시간을 일방적으로 지연하지 마세요.

6) 저쪽에 있는 면도기와 이발기 좀 보여 주세요.

7) 머리를 진한 갈색으로 염색해 주세요.

8) 면도크람과 아프터세이브 로숀 좀 보여 주세요.

9) 머리가 너무 곱슬거리지 않게 파마해 주세요.

10) 개성파악 문제를 다시 한번 신중히 생각해 보세요.

2.다음 각 문장을 태국어로 번역하시오.

1) 쌤플헤어스타일 좀 보여 주세요.

2) 약 한 달 후에 다시 이발하러 오겠어요.

3) 머리를 일주일에 두번이상 감지 마세요.

4) 비듬약을 너무 자주 사용하지 마세요.

5) 이발소와 미용실은 어떻게 달라요 ?

6) 눈썹 그리게로 양눈썹을 진하게 그려 주세요.

7) 입술에 붉은색 입술 연지를 발라 주세요.

8) 이발소에 전화 걸어서 미리 예약을 하세요.

9) 요즘 여성들은 즐겨 염색하고 파마해요.

10) 면도 후 면도크림을 적당히 바르세요.

บทที่ 16

การใช้ชีวิตประจำวัน
일상생활

ตามปกติคุณตื่นนอนกี่โมงคะ
따-ㅁ 빠까띠 쿤 뜨-ㄴ 너-ㄴ 끼- 모-ㅇ 카

ประมาณหกโมงเช้าครับ
쁘라마-ㄴ 혹 모-ㅇ 차오 크랍

คุณทานอาหารเช้าเมื่อไรคะ
쿤 타-ㄴ 아-하-ㄴ 차오 므-어 라이 카

ประมาณหกโมงครึ่งครับ
쁘라마-ㄴ 혹 모-ㅇ 크릉 크랍

คุณไปทำงานที่ไหนคะ
쿤 빠이 탐 응아-ㄴ 티- 나이 카

ผมทำงานที่บริษัทไทย-ฮันจำกัดครับ
폼 탐 응 아-ㄴ 티-버-리 쌋 타이 한 짬 깟 크랍

ขอโทษค่ะ ทำงานในตำแหน่งอะไรคะ
커-토-ㅅ 카 탐 응아-ㄴ 나이 땀 내-ㅇ 아 라이 카

เป็นหัวหน้าแผนกการบัญชีครับ
뻰 후-어 나- 파내-ㄱ 까-ㄴ 반 치- 크랍

มีพนักงานทั้งหมดกี่คนคะ
미- 파 낙 응아-ㄴ 탕 못 끼-콘 카

มีประมาณ 50 คนเศษครับ
미- 쁘라마-ㄴ 하-씹콘 쎄-ㅅ 크랍

คุณไปทำงานกี่โมงคะ
쿤 빠이 탐 응아-ㄴ 끼-모-ㅇ 카

ประมาณแปดโมงครึ่งครับ
쁘라마-ㄴ 빼-ㅅ 모-ㅇ 크릉 크랍

คุณทำงานวันละกี่ชั่วโมงคะ

쿤 탐 응아–ㄴ 완 라 끼–추–어 모–ㅇ 카

ประมาณแปดชั่วโมงครับ

쁘라 마–ㄴ 빼–ㅅ 추–어 모–ㅇ 크랍

คุณทานอาหารกลางวันที่ไหนคะ

쿤 타–ㄴ 아– 하–ㄴ 끌라–ㅇ 완 티– 나이 카

ในโรงอาหารของบริษัทครับ

나이 로–ㅇ 아–하–ㄴ 커–ㅇ 버–리 쌋 크랍

คุณกลับบ้านกี่โมงคะ

쿤 끌랍 바–ㄴ 끼– 모–ㅇ 카

ประมาณห้าโมงเย็นครับ

쁘라 마–ㄴ 하– 모–ㅇ 옌 크랍

กลับบ้านแล้วทำอะไรบ้างคะ

끌랍 바–ㄴ 래–오 탐 아 라이 바–ㅇ 카

ผมทานอาหารเย็นแล้วอ่านหนังสือพิมพ์ครับ

폼 타–ㄴ 아–하–ㄴ 옌 래–오 아–ㄴ 낭 쓰– 핌 크랍

งั้นเขานอนกี่โมงคะ

응안 카오 너–ㄴ 끼– 모–ㅇ 카

ประมาณห้าทุ่มครับ

쁘라 마–ㄴ 하– 툼 크랍

แล้วคุณละครับ

래–오 쿤 라 크랍

ดิฉันก็เช่นเดียวกันค่ะ

디 찬 꺼 체–ㄴ 디–야오 깐 카

보통 몇시에 일어나요 ?
약 6 시예요.
언제 아침식사를 해요 ?
약 6시반에 해요.
어디서 일해요 ?
저는 태한 주식회사에서 일해요.
미안하지만 어느 직위에서 일해요 ?
회계과장이에요.
직원이 모두 몇 명 있어요 ?
약 50 여명 있어요.
몇시에 일하러 가요?
약 8시 반에 가요.
하루에 몇시간 근무해요 ?
약 8시간요.
어디에서 점심식사를 해요 ?
회사식당에서요.
몇시에 귀가해요 ?
약 오후5시예요.
귀가해서 무엇을 해요 ?
저녁식사하고 신문을 읽어요.
그럼 몇시에 자요 ?
약 밤 11시예요 .
그럼 당신은요 ?
저도 마찬가지예요.

1 단계

단 어   익 히 기

โมง[모-ㅇ]	시
นาที[나-티-]	분
วินาที[위 나-티-]	초
ชั่วโมง[추-어 모-ㅇ]	시간
เที่ยงวัน[티-양 환]	정오
เที่ยงคืน[티-양 크-ㄴ]	자정
กลางวัน[끌라-ㅇ 환]	낮
กลางคืน[끌라-ㅇ 크-ㄴ]	밤
ตื่นนอน[뜨-ㄴ 너-ㄴ]	잠깨다

เข้านอน[카오 너-ㄴ]　　　　잠들다

ตื่นสาย[뜨-ㄴ 싸-이]　　　　늦게 일어나다

ตื่นเร็ว[뜨- 레오]　　　　일찍 일어나다

เช่นเดียวกัน[체-ㄴ 디-야오 깐]　　　　마찬가지다

ประสบความสำเร็จ[쁘라쏩 콰-ㅁ 쌈렛]　　　　성공하다

ประสบความล้มเหลว[쁘라쏩 콰-ㅁ 롬 레-오]　　　　실패하다.

ประมาณ[쁘라마-ㄴ]　　　　대략

ไปทำงาน[빠이 탐 응아-ㄴ]　　　　일하러 가다

ไปเที่ยว[빠이 티-야오]　　　　놀러가다

กลับบ้าน[끌랍 바-ㄴ]　　　　귀가하다

문 법 배 우 기

시간 구분법

1) 01~05시 : ตี 1-5 (띠- 능~ 하-)

예문 เราเข้านอนตีหนึ่ง

라오 카오 너-ㄴ 띠-능

우리는 밤1시에 자요.

เราตื่นนอนตีห้า

라오 뜨-ㄴ 너-ㄴ 띠-하-

우리는 새벽 5시에 일어나요.

2) 06시 : 6 โมงเช้า (혹모-ㅇ 차-오)

예문 เราเริ่มออกกำลังกายหกโมงเช้า

라오 르ㅓ-ㅁ 어-ㄱ 깜랑 까-이 혹 모-ㅇ 차오

우리는 운동을 아침 6시에 시작해요.

เราอ่านหนังสือพิมพ์หกโมงเช้า

라오 아-ㄴ 낭 쓰- 핌 혹모-ㅇ 차-오

우리는 신문을 아침 6시에 읽어요.

3) 07 ~11 시 : 1~5 **โมงเช้า** (능~하-모-ㅇ 차오)

เราทานอาหารเช้าประมาณสองโมงเช้า

라오 타-ㄴ아- 하-ㄴ 차오 쁘라마-ㄴ 써-ㅇ 모-ㅇ 차오

우리는 약 8시에 아침 식사를 해요.

บริษัทเราเริ่มประชุมสี่โมงเช้า

버-리 쌋 라오 르엄-ㅁ 쁘라 춤 씨- 모-ㅇ 차오

우리 회사는 10시에 회의를 시작해요.

4) 12시 : **เที่ยงวัน** (티-양 완)

เราได้นัดพบเพื่อนเที่ยงวัน

라오 다이 낫 폽 프-언 티-양 완

우리는 정오에 친구와 만날 약속을 했어요.

เราทานอาหารกลางวันเที่ยงวัน

라오 타-ㄴ 아-하-ㄴ 끌라-ㅇ 완 티-양 완

우리는 정오에 점심 식사를 해요

5) 13~16 시 : **บ่าย 1~4 โมง** (바-이 능~ 씨- 모-ㅇ)

เราจะไปเยี่ยมท่านบ่ายสองโมงครับ

라오 짜 빠이 이-얌 타-ㄴ 바-이 써-ㅇ 모-ㅇ 크랍

우리는 오후 2시에 선생님을 방문하겠어요.

เขาจะมาที่นี่บ่ายสามโมง

카오 짜 마- 티- 니- 바-이 싸-ㅁ 모-ㅇ

그는 오후 3시에 여기에 올 거예요.

6) 17~18 시 : 5~6 **โมงเย็น** (하~혹 모-ㅇ 옌)

เราเลิกทำงานในห้าโมงเย็น

라오 르억-ㄱ 탐 응아-ㄴ 나이 하- 모-ㅇ 옌

우리는 저녁 5시에 일을 마쳐요.

เราได้นัดพบเขาหกโมงเย็น

라오 다이 낫 폽 카오 혹 모-ㅇ 옌

우리는 저녁 6시에 그를 만나기로 약속했어요.

7) 19~23 시 : 1~5 **ทุ่ม** (능`-하`-툼)

เราดูข่าวโทรทัศน์ตอนสามทุ่ม

라오 두-카-오 토- 라 탓 떠-ㄴ 싸-ㅁ 툼

우리는 밤 9시에 뉴스를 봐요.

เรามักจะทานอาหารเย็นตอนหนึ่งทุ่ม

라오 막 짜 타-ㄴ 아-하-ㄴ 옌 떠-ㄴ 능 툼

우리는 주로 저녁 7시에 저녁을 먹어요.

8) 24시 : **เที่ยงคืน** (티-양 크-ㄴ)

เรามักเข้านอนตอนเที่ยงคืน

라오 막 카오 너-ㄴ 떠-ㄴ 티-양 크-ㄴ

우리는 주로 자정에 잠자리에 들어요.

เรามักจะปิดโทรทัศน์ตอนเที่ยงคืน

라오 막 짜 삣 토- 라 탓 떠-ㄴ 티-양 크-ㄴ

우리는 주로 자정에 텔레비전을 꺼요.

9) 공식적인 1~24시 : 1~24 **นาฬิกา** (능~이-씹씨-나-리 까-)

เราได้นัดพบเขาสิบสามนาฬิกาวันนี้

라오 다이 낫 폽 카오 씹싸-ㅁ 나- 리 까- 완니-

우리는 그를 오늘 오후 1시에 만나기로 약속했어요.

พิธีแต่งงานนั้นเริ่มกี่นาฬิกา

피 티- 때`-ㅇ 응아-ㄴ 난 르ㅓ-ㅁ 끼- 나- 리 까-

그 결혼식은 몇시에 시작해요 ?

คุณตื่นนอนกี่โมงครับ

쿤 뜨–ㄴ 너–ㄴ 끼– 모–ㅇ 크랍

당신은 몇시에 일어나요 ?

แล้วแต่วันค่ะ

래–오 때–완 카

날에 따라 틀려요.

ดิฉันตื่นเร็วในวันธรรมดาค่ะ

디찬 뜨–ㄴ 레오 나이 완 탐 마 다–카

평일에는 일찍 일어나요.

แต่ดิฉันตื่นสายในปลายสัปดาห์ค่ะ

때– 디찬 뜨–ㄴ 싸–이 나이 쁠라–이 쌉다– 카

그러나 주말에는 늦게 일어나요.

คุณชอบทานอาหารอะไรครับ

쿤 처–ㅂ 타–ㄴ 아– 하–ㄴ 아 라이 크랍

무슨 음식을 즐겨 먹어요 ?

แล้วแต่มื้อค่ะ

래–오 때– 므– 카

끼에 따라 틀려요.

ดิฉันชอบทานข้าวในมื้อเช้าค่ะ

디찬 처–ㅂ 타–ㄴ 카–오 나이 므– 차오 카

아침에는 밥을 즐겨 먹어요.

ดิฉันชอบทานก๋วยเตี๋ยวในมื้อกลางวันค่ะ

디찬 처–ㅂ 타–ㄴ꾸–워이 띠–야오 나이 므– 끌 라–ㅇ 완 카

점심에는 국수를 즐겨 먹어요.

ตอนนี้คุณทำงานอยู่ที่ไหนครับ

떠–ㄴ 니– 쿤 탐 응아–ㄴ 유– 티– 나이 크랍

지금 어디서 근무하고 있어요?

ดิฉันเป็นข้าราชการค่ะ

디찬 뻰 카– 라–ㅅ 차 까–ㄴ 카

공무원이에요.

งานนั้นเข้ากับงานอดิเรกหรือเปล่าครับ

응아—ㄴ 난 카오 깝 응야—ㄴ 아디레—ㄱ 르— 쁠라오 크랍

그 일은 취향에 맞아요 ?

รู้สึกเข้ากันดีพอสมควรค่ะ

루—쓱 카오 깐 디— 퍼— 쏨 쿠—언 카

어느 정도 잘 맞는 것 같아요.

หวังว่าคงประสบความสำเร็จนะครับ

왕 와— 콩 쁘라쏩 콰—ㅁ 쌈 렛 나 크랍

성공하시길 빌겠어요.

ขอบคุณค่ะ จะพยายามอย่างเต็มที่ค่ะ

커—ㅂ 쿤 카 짜 파 야— 야—ㅁ 야—ㅇ 뗌 티— 카

감사합니다. 최선의 노력을 다하겠어요.

문 제 풀 기

1.다음 각 문장에 맞는 시간 용어를 골라 태국어로 번역하시오.

1) 우리는 아침 9시에 출근하고 오후 5시에 퇴근해요.

2) 저는 매주 일요일 오전 11시에 절에 가요.

3) 우리는 매주 토요일 오전 10시부터 오후3시까지 골프를 쳐요.

4) 우리는 저녁식사후 적어도 3시간후에 자야 건강에 좋아요.

5) 공무원의 공식 근무시간은 오전 9시부터 오후 5시까지예요.

6) 우리는 낮 12시부터 오후 1시 사이에 점심을 먹어요.

7) 우리 회사의 야간근무직원은 밤10시까지 일해요.

8) 우리는 새벽 5시부터 6시까지 매일 1시간동안 운동해요.

9) 이 타이항공 비행기는 오후 1시 40분에 도착할 예정이에요.

10)한국에서 태국까지 비행기로 약 5시간 걸려요.

2.다음 각 문장을 태국어로 번역하시오.

1) 당신은 평상시에 무슨 일을 즐겨해요 ?

2) 당신은 귀사의 해외지사에서 근무해본 적이 있어요 ?

3) 귀사는 언제부터 태국에 지사를 갖고 있어요 ?

4) 그의 부인은 이 병원에서 간호사로 근무하고 있어요.

5) 우리는 설날과 추석날에 가까운 일가친지를 방문해요.

6) 대부분의 회사는 매월 25일에서 직원에게 월급을 줘요.

7) 당신은 1년에 한두번 있는 휴가기간 중에 주로 무엇을 하세요 ?

8) 우리는 주말에 주로 친구들과 등산을 해요.

9) 귀사의 야간 근무시간은 몇시부터 몇시까지예요 ?

10) 귀사는 주주총회를 일년에 몇번 하세요?

บทที่ 17

การใช้ชีวิตครอบครัว
가정생활

บ้านของคุณมีห้องอะไรบ้างครับ
바-ㄴ 커-ㅇ 쿤 미-헝-ㅇ 아 라이 바-ㅇ 크랍

มีห้องนอน ห้องรับแขก ห้องครัวและห้องน้ำค่ะ
미- 헝-ㅇ 너-ㄴ 헝-ㅇ 랍 캐-ㄱ 헝-ㅇ 크루-어 래 헝-ㅇ 남 카

ในห้องนอนมีอะไรบ้างครับ
나이 헝-ㅇ 너-ㄴ 미- 아 라이 바-ㅇ 크랍

มีเตียงกับตู้เสื้อผ้าค่ะ
미- 띠-양 깝 뚜- 쓰-어 파- 카

คุณใช้ห้องนอนเมื่อไรบ้างครับ
쿤 차이 헝-ㅇ 너-ㄴ 므-어 라이 바-ㅇ 크랍

ในช่วงเวลานอนหลับค่ะ
나이 추-엉 웨-ㄹ 라- 너-ㄴ 랍 카

คุณต้อนรับแขกในห้องไหนครับ
쿤 떠-ㄴ 랍 캐-ㄱ 나이 헝-ㅇ 나이 크랍

ในห้องรับแขกค่ะ
나이 헝-ㅇ 랍 캐-ㄱ 카

ในห้องรับแขกเตรียมอะไรไว้ครับ
나이 헝-ㅇ 랍 캐-ㄱ 뜨리-얌 아 라이 와이 크랍

มีโต๊ะรับแขกกับเก้าอี้นั่งค่ะ
미- 또 랍 캐-ㄱ 깝 까 오이- 낭 카

ใครปรุงอาหารในห้องครัวครับ
크라이 쁘룽 아-하-ㄴ 나이 헝-ㅇ 크루-어 크랍

คุณแม่ปรุงอาหารค่ะ
쿤 매- 쁘룽 아-하-ㄴ 카

คุณแม่ใช้อะไรในการปรุงอาหารครับ

쿤 매- 차이 아 라이 나이 까-ㄴ 쁘룽 아-하-ㄴ 크랍

คุณแม่ใช้หม้อหุงข้าวกับหม้อแกงและเครื่องครัวชนิดต่าง ๆ ค่ะ

쿤 매- 차이 머-훙 카-오 깝 머- 깨-ㅇ 래 크르-엉 크루-어 차 닛 땅 따-ㅇ 카

เราควรทำอะไรหลังจากทานอาหารเสร็จแล้วครับ

라오 쿠-언 탐 아 라이 랑 짜-ㄱ 타-ㄴ 아- 하-ㄴ 쎗 래-오 크랍

เราควรแปรงฟันและล้างหน้าในห้องน้ำค่ะ

라오 쿠-언 쁘래-ㅇ 환 래 라-ㅇ 나- 나이 허-ㅇ 남 카

ในห้องน้ำมีอะไรบ้างครับ

나이 허-ㅇ 남 미- 아 라이 바-ㅇ 크랍

มีอ่างอาบน้ำกับอ่างล้างหน้าและโถส้วมค่ะ

미- 아-ㅇ 아-ㅂ 남 깝 아-ㅇ 라-ㅇ 나- 래 토- 쑤-엄 카

เราแปรงฟันด้วยอะไรครับ

라오 쁘래-ㅇ 환 두-워이 아 라이 크랍

ด้วยยาสีฟันกับแปรงสีฟันค่ะ

두-워이 야- 씨- 환 깝 쁘래-ㅇ씨- 환 카

เราล้างหน้าและสระผมด้วยอะไรครับ

라오 라-ㅇ 나- 래 싸 폼 두-워이 아 라이 크랍

ด้วยสบู่ล้างหน้ากับยาสระผมค่ะ

두-워이 싸부-라-ㅇ 나- 깝 야-싸 폼 카

เราถ่ายอุจจาระและปัสสาวะที่ไหนครับ

라오 타-이 웃 짜-라 래 빳 싸-와 티- 나이 크랍

ที่โถส้วมค่ะ

티- 토- 쑤-엄 카

คุณนอนหลับเมื่อไรครับ

쿤 너-ㄴ 랍 므-어 라이 크랍

ราว ๆ เที่ยงคืน บนเตียงค่ะ

라오 라-오 티- 양 크-ㄴ 본 띠-양 카

당신의 집에는 무슨무슨 방이 있어요 ?
안방과 사랑방, 부엌 그리고 화장실이 있어요.
안방에는 무엇이 있어요 ?
침대와 옷장이 있어요.
언제 안방을 사용해요 ?
취침할때요.
어느 방에서 손님을 맞이해요 ?
사랑방에서요.
사랑방에 무엇을 준비해 두었어요 ?
응접탁자와 의자가 있어요.
누가 부엌에서 요리해요 ?
어머니가 요리해요.
어머니는 요리하는데 무엇을 사용해요 ?
어머니는 밥솥과 국솥 및 각종 주방 용품을 사용해요.
우리는 식후에 무엇을 해야 해요 ?
우리는 화장실에서 양치질하고 세수해야 해요.
화장실에는 무엇이 있어요 ?
목용통과 세면기 및 화장대가 있어요.
우리는 무엇으로 칫솔질해요 ?
치약과 칫솔로요.
우리는 무엇으로 세수하고 머리를 감아요.
세수비누와 샴푸로요.
우리는 어디서 대변과 소변을 봐요?
화장대에서요.
언제 취침해요?
대략 자정에 침대에서 취침해요.

단 어 익 히 기

บ้าน[바—ㄴ]	집
ประตู[쁘라뚜—]	문
ประตูใหญ่[쁘라뚜— 야이]	대문
ป้ายชื่อ[빠—이 츠—]	문패
ห้อง[허—ㅇ]	방
ห้องนอน[허—ㅇ 너—ㄴ]	안방
ห้องรับแขก[허—ㅇ 랍 캐—ㄱ]	사랑방

หุ้งครัว [허ㅗ 크루ㅡ어]	부엌
ห้องน้ำ [허ㅗ 남]	화장실
เตียง [띠ㅡ양]	침대
ผ้าห่ม [파ㅡ 홈]	이불
ผ้าปูที่นอน [파ㅡ 뿌ㅡ 티ㅡ 너ㅡㄴ]	요
หมอน [머ㅡㄴ]	베개
ตู้เสื้อผ้า [뚜ㅡ 쓰ㅡ어 파ㅡ]	옷장
ไม้แขวนเสื้อ [마이 쾌ㅡㄴ 쓰ㅡ어]	옷걸이
โต๊ะรับแขก [또 랍 캐ㅡㄱ]	응접탁자
โต๊ะหนังสือ [또 낭 쓰ㅡ]	책상
เก้าอี้ [까 오이ㅡ]	의자
เก้าอี้นั่ง [까오 이ㅡ 낭]	석좌의자
หม้อหุงข้าว [머ㅡ훙 카ㅡ오]	밥솥
หม้อแกง [머ㅡ 깨ㅡㅇ]	국솥
เครื่องครัว [크르ㅡ엉 크루ㅡ어]	주방용품
อ่างอาบน้ำ [아ㅡㅇ아ㅡㅂ 남]	목용통
อ่างล้างหน้า [아ㅡㅇ 라ㅡㅇ 나ㅡ]	세면기
โถสวม [토ㅡ 쑤ㅡ엄]	화장대
ยาสีฟัน [야ㅡ 씨ㅡ 환]	치약
แปรงสีฟัน [쁘래ㅡㅇ씨ㅡ 환]	칫솔
สบู่ [싸부ㅡ]	비누
สบู่ล้างหน้า [싸부ㅡ 라ㅡㅇ 나ㅡ]	세수비누
สบู่ซักผ้า [싸부ㅡ 싹 파ㅡ]	빨래비누
ยาสระผม [야ㅡ 싸 폼]	샴푸
ผ้าเช็ดมือ [파ㅡ 쳇 므ㅡ]	손수건
ผ้าเช็ดตัว [파ㅡ 쳇 뚜ㅡ어]	목욕수건
ผ้าเช็ดหน้า [파ㅡ 쳇 나ㅡ]	세수수건

อุจจาระ[웃짜ー라]   대변

ปัสสาวะ[빳싸ー와]   소변

กระดาษชำระ[끄라다ー ㅅ 참라]   화장지

문 법 배 우 기

유별사

유별사는 사물의 형태와 숫자를 나타내는 단어로, 태국어의 유별사는 그 종류가 아주
다양한데 여기 그 주요 용법을 정리해 보면 다음과 같다.

1)수나 양을 나타내는 단어의 앞에 오면 차례를 나타낸다.

รถไฟใต้ดินสายห้าผ่านสนามบินคิมโพ

롯 화이 따이 딘 싸ー이 하ー 파ー ㄴ 싸나ー ㅁ 빈 김 포ー

제 5호선 전동차는 김포공항을 통과해요.

เราอยากซื้อหนังสือเล่มที่ห้าจากขวา

라오 야ー ㄱ 쓰ー 낭 쓰ー 레ー ㅁ 티ー하ー 짜ー ㄱ 콰ー

우리는 오른 쪽에서 5번째 책을 사고 싶어요.

ห้องใหญ่ห้องที่ห้าจากซ้ายเป็นห้องรับแขก

허ー ㅇ 야ー이 허ー ㅇ 티ー 하ー 짜ー ㄱ 싸ー이 뻰 허ー ㅇ 랍 캐ー ㄱ

왼쪽에서 5번째 큰 방이 응접실이에요.

2)수나 양을 나태내는 단어 뒤에 오면 분량을 나타낸다.

ฉันมีบ้านสามหลัง

찬 미ー 바ー ㄴ 싸ー ㅁ 랑

나는 집을 3채 갖고 있어요.

เขามีลูกน้องหลายคน

카오 미ー 루ー ㄱ 너ー ㅇ 라ー이 콘

그는 부하가 여러명 있어요.

บ้านเรามีสองห้องรับแขก

바-ㄴ 라오 미- 써-ㅇ 허-ㅇ 랍 캐-ㄱ
우리 집은 사랑방 두개 있어요.

3) "하나" 라는 수나 양을 나타내는 단어 만큼은 앞이나 뒤에 배열해도 된다.

[예문] ขอกาแฟถ้วยหนึ่ง
커- 까- 홰- 투-워이 능
커피 한잔 주세요.

เราควรดื่มชาโสมวันละหนึ่งแก้ว
라오 쿠-언 드-ㅁ 차- 쏘-ㅁ 완 라 능 깨-오
우리는 인삼차를 하루에 한잔씩 마셔야 해요.

เราอยากดื่มเหล้าหนึ่งขวด
라오 야-ㄱ 드-ㅁ 라오 능 쿠-엇
우리는 술 한병 마시고 싶어요.

4) 일반지사어의 앞에 온다.

[예문] หมาตัวนี้ฉลาดมาก
마- 뚜-어 니- 찰라-ㅅ 마-ㄱ
이 개는 아주 영리해요.

แหวนวงนั้นทำด้วยอะไร
왜-ㄴ 웡난 탐 두-워이 아 라이
그 반지는 무엇으로 만들었어요 ?

เหล็กเส้นโน้นเป็นสนิมแล้ว
렉 쎄-ㄴ 노-ㄴ 뻰 싸님 래-오
저 철근은 이미 녹이 슬었어요 .

표 현 따 라 하 기

ใครปรุงอาหารครับ
크라이 쁘룽 아- 하-ㄴ 크랍
누가 요리해요 ?

คุณแม่ปรุงอาหารค่ะ
쿤 매-쁘룽 아- 하-ㄴ 카
어머니가 요리해요.

ใครทำความสะอาดบ้านครับ

크라이 탐 콰-ㅁ 싸아-ㅅ 바-ㄴ 크랍

누가 집안 청소해요 ?

ดิฉันทำเองค่ะ

디 찬 탐 에-ㅇ 카

바로 제가 해요.

คุณซักผ้าอย่างไรครับ

쿤 싹 파- 야-ㅇ 라이 크랍

어떻게 세탁해요 ?

เราใช้เครื่องซักผ้าค่ะ

라오 차이 크르-엉 싹 파- 카

우리는 세탁기를 사용해요.

คุณตากผ้าที่ไหนครับ

쿤 따-ㄱ 파- 티- 나이 크랍

당신은 어디에 빨래를 널어요 ?

เราตากผ้าที่ราวตากผ้าค่ะ

라오 따-ㄱ 파- 티- 라-오 따-ㄱ 파- 카

우리는 빨랫줄에 빨래를 널어요.

ในวันหยุดครอบครัวของคุณไปไหนบ้างครับ

나이 완 윳 크라-ㅂ 크루-어 커-ㅇ 쿤 빠이 나이 바-ㅇ 크랍

휴일에 당신의 가족은 어디에 가요 ?

แล้วแต่ฤดูกาลค่ะ

래-오 때- 르 두- 까-ㄴ 카

계절에 따라 틀려요.

เราไปชายทะเลในหน้าร้อนค่ะ

라오 빠이 차-이 타 레- 나이 나- 러-ㄴ 카

우리는 여름에 해변가에 가요.

แต่เราไปขึ้นเขาเกือบทุกวันอาทิตย์ค่ะ

때- 라오 빠이 큰 카오 끄-업 툭 완 아-팃 카

그러나 우리는 거의 매주 일요일에 등산을 해요.

คุณมักจะไปเยี่ยมญาติพี่น้องเมื่อไรครับ
쿤 막 짜 빠이 이-얌 야-ㅅ 피- 너-ㅇ 므-어 라이 크랍

당신은 주로 언제 일가친척을 방문해요 ?

ในวันขึ้นปีใหม่และวันสารทค่ะ
나이 완 큰 삐- 마이 래 완 싸-ㅅ 카

설날과 추석날에요.

งั้นคุณเชิญญาติพี่น้องที่บ้านเมื่อไรครับ
응 안 쿤 츠ㅓ-ㄴ 야-ㅅ 피- 너-ㅇ 티-바-ㄴ 므-어 라이 크랍

그럼 당신은 언제 일가친지를 초청해요?

ในวันเกิดพ่อแม่ค่ะ
나이 완 끄ㅓ-ㅅ 퍼- 매- 카

부모님의 생일날에요.

문 제 풀 기

1.다음 각 문장을 해당 유별사를 사용하여 태국어로 번역하시오.

1) 그는 하루에 여러대의 담배를 피워요.

2) 우리집은 이 마을에서 가장 오래된 집이에요.

3) 나는 한번에 술을 두병이상 마셔 본 적이 없어요.

4) 이 구두는 순수한 소가죽으로 만든 구두예요.

5) 저는 지난주에 태국친구로부터 두부의 편지를 받았어요.

6) 이 시계는 표준시간보다 약 5분 빨리 가요.

7) 우리는 태국여행중에 여러권의 태국어 책을 샀어요.

8) 투리안은 태국에서 가장 유명한 과일이에요.

9) 우리가 약 10여년동안 길러온 이개는 집을 잘 지켜요.

10)태국에는 지금도 수십개의 정당이 있어요.

2.다음 각 문장을 태국어로 번역하시오.

1) 태국사람은 밥을 숫가락과 포크로 먹어요.

2) 우리나라는 손님을 사랑방에서 맞이해요.

3) 우리집 사랑방에는 책상과 의자 및 응접탁자가 있어요.

4) 우리 가족은 매달 한번씩 고향을 방문해요.

5) 우리는 매년 한번씩 있는 부모님 생일날에 친한 친구를 초청해요.

6) 우리집은 대대로 모아온 기념품 보관실이 따로 있어요.

7) 우리집은 창고에 각종 골동품을 모아 두고 있어요.

8) 우리집 부엌에는 밥솥과 국솥 및 냉장고가 있어요.

9) 우리는 일주일에 한번씩 집안 청소를 해요.

10)우리집 화장실에는 항상 화장지와 세수비누 및 세수수건이 준비되어 있어요.

การใช้ชีวิตที่ทำงาน
직장생활

คุณทำงานที่ไหนคะ
쿤 탐 응아ー∟ 티ー 나이 카

ผมทำงานในบริษัทไทยฮันจำกัดครับ
폼 탐 응아ー∟ 나이 버ー리 쌋 타이 한 짬 깟 크랍

มีคนทำงานทั้งหมดกี่คนคะ
미ー 콘 탐 응아ー∟ 탕 못 끼ー 콘 카

มีทั้งหมด 15 คนครับ
미ー탕 못 씹 하ー 콘 크랍

มีใครบ้างคะ
미ー 크라이 바ー○ 카

มีประธาน 1 คน รองประธาน 1 คน หัวหน้าแผนก 2 คน
และพนักงานทั่วไป 11 คนครับ
미ー 쁘라타ー∟ 능콘 러ー○ 쁘라타ー∟ 능콘 후ー어 나ー 파내ーㄱ 써ー○ 콘 래 파 낙 응아ー∟ 투ー어 빠이
씹엣 콘 크랍

มีแผนกอะไรบ้างคะ
미ー 파내ーㄱ 아 라이 바ー○ 카

มีแผนกการบัญชีกับแผนกกิจการทั่วไปครับ
미ー 파내ーㄱ 까ー∟ 반 치ー 깝 파내ーㄱ 낏짜까ー∟ 투ー어 빠이 크랍

คุณทำงานอยู่ในตำแหน่งอะไรคะ
쿤 탐 응아ー∟ 유ー 나이 땀 내ー○ 아 라이 카

ผมเป็นหัวหน้าแผนกกิจการทั่วไปครับ
폼 뻰 후ー어 나ー 파내ーㄱ 낏 짜까ー∟ 투ー어 빠이 크랍

บริษัทนี้ทำอะไรบ้างคะ
버ー리쌋니ー 탐 아 라이 바ー○ 카

เราขายส่วนประกอบรถยนต์ชนิดต่าง ๆ ครับ

라오 카–이 쑤–언 쁘라꺼–ㅂ 롯 욘 차 닛 땅 따–ㅇ 크랍

ส่วนประกอบรถยนต์ส่วนใหญ่นำมาจากไหนคะ

쑤어–ㄴ 쁘라꺼–ㅂ 롯 욘 쑤–언 야이 남 마– 짜–ㄱ 나이 카

เราผลิตเองครับ

라오 팔릿 에–ㅇ 크랍

งั้นมีช่างอะไรบ้างในโรงงานคะ

응안 미– 차–ㅇ 아 라이 바–ㅇ 나이 로–ㅇ 응아–ㄴ 카

มีช่างเครื่องจักรหนักสามคน และช่างเครื่องจักรเบาห้าคนครับ

미– 차–ㅇ 크르–엉 짝 낙 싸–ㅁ 콘 래 차–ㅇ 크르–엉 짝 바오 하– 콘 크랍

มีบริษัทสาขาประจำประเทศไทยไหมคะ

미– 버–리 쌋 싸–카– 쁘라짬 쁘라 테–ㅅ 타이 마이 카

มีครับ แต่เพิ่งเปิดปีที่แล้วครับ

미– 크랍 때– 프ㅓ–ㅇ 쁘ㅓ–ㅅ 삐– 티– 래–오 크랍

ปีนี้จะจ้างพนักงานบริษัทคนใหม่กี่คนคะ

삐– 니–짜 짜–ㅇ 파 낙 응아–ㄴ 버–리쌋 콘 마이 끼– 콘 카

เพียงสองคนครับ

피–양 써–ㅇ 콘 크랍

ผู้สมัครควรเตรียมอะไรบ้างคะ

푸– 싸막 쿠–언 뜨리–얌 아 라이 바–ㅇ 카

หนังสือชีวประวัติกับหนังสือรับรองครับ

낭 쓰– 치–와 쁘라왓 깝 낭 쓰– 랍 러–ㅇ 크랍

มีงานทำภาคค่ำด้วยไหมคะ

미– 응아–ㄴ 탐 파–ㄱ 캄 두–워이 마이 카

มีครับตั้งแต่หกโมงเย็นจนถึงสี่ทุ่มครับ

미– 크랍 땅 때– 혹 모–ㅇ 옌 쫀 틍 씨– 툼 크랍

당신은 어디서 근무해요 ?
저는 태한 주식회사에서 근무해요.
일하는 사람이 모두 몇 명이에요 ?
모두 15명이에요.
누구누구예요 ?
사장 한 명과 부사장 한 명 과장 두명 그리고 일반직원 11명이에요.
무슨무슨과가 있어요?
회계과와 일반사무과가 있어요 .
당신은 무슨 직위에서 근무하고 있어요 ?
저는 일반 사무과장이에요.
이 회사는 무엇들을 하세요 ?
우리는 각종 자동차 부품을 판매해요.
대부분의 자동차 부품을 어디서 가져와요 ?
우리가 직접 생산해요.
그럼 공장에 무슨기술자가 있어요 ?
중기계기술자 3 명과 경기계기술자 5명이 있어요.
태국에 지사를 갖고 있어요 ?
네, 그러나 바로 작년에 개설하였어요.
금년에 신입사원은 몇 명 모집할 거예요 ?
단지 두 명요.
지원자는 무엇들을 준비해야 해요?
이력서와 추천서요.
야간 업무도 갖고 있어요 ?
네, 저녁 6시부터 밤 10시까지예요.

1 단계

단 어 익 히 기

ทำงาน[탐 응아ー ㄴ]	일하다
ที่ทำงาน[티ー 탐 응아ー ㄴ]	직장
บริษัท[버ー리 쌋]	회사
บริษัทไทยฮันจำกัด[버ー리 쌋 타이 한 짬 깟]	태한 주식회사
ประธาน[쁘라 타ー ㄴ]	사장
รองประธาน[러ー ㅇ 쁘라 타ー ㄴ]	부사장
หัวหน้าแผนก[후ー어 나ˆ 파내ー ㄱ]	과장
พนักงาน[파 낙 응아ー ㄴ]	직원
ช่าง[차ˆ ㅇ]	기술자

กรรมกร[깜 마 꺼-ㄴ]	노동자
เลขานุการ[레- 카-누 까-ㄴ]	비서
สินค้า[씬-카-]	상품
สินค้าผลิต[씬-카- 팔릿]	생산상품
สินค้าส่งออก[씬-카- 쏭어-ㄱ]	수출상품
สินค้านำเข้า[씬 카-남 카오]	수입상품
โรงงาน[로-ㅇ 응아-ㄴ]	공장
เครื่องจักร[크르-엉 짝]	기계
เครื่องจักรหนัก[크르-엉 짝 낙]	중기계
เครื่องจักรเบา[크르-엉 짝 바오]	경기계
หนังสือชีวประวัติ[낭 쓰- 치-와 쁘라왓]	이력서
หนังสือรับรอง[낭 쓰- 랍 러-ㅇ]	추천서

2단계

○ ● ○ ○ ○

문 법 배 우 기

현재 진행 조동사

현재진행 조동사는 현재 전진해 나가는 보조동사로, 태국어의 현재 진행 조동사에는 "กำลัง" 이 본동사 앞에 오거나 "อยู่" 가 문장 뒤에와서 진행을 나타내는데, 이를 강조하고 싶을 때에는 이 두개 현재 진행 조동사를 다 쓴다.

1) "กำลัง" 이 본동사 앞에 오늘 경우

예문 ฝนกำลังตกหนัก

혼 깜 랑 똑 낙

비가 세게 오고 있어요.

เขากำลังดูโทรทัศน์ในห้องนอน

카오 깜 랑 두- 토- 라 탓 나이 허-ㅇ 너-ㄴ

그는 안방에서 텔레비전을 보고 있어요.

เรากำลังทานอาหารกลางวันในโรงอาหาร

라오 깜 랑 타−ㄴ 아− 하−ㄴ 끌라−ㅇ 완 나이 로−ㅇ 아− 하−ㄴ

우리는 구내식당에서 점심식사를 하고 있어요 .

2) "อยู่"가 문장 뒤에 오는 경우

예문 เราเรียนภาษาไทยอยู่

라오 리−얀 파− 싸− 타이 유−

우리는 태국어를 배우고 있어요.

เขาทำงานอยู่ในบริษัทไทย

카오 탐 응아−ㄴ 유− 나이 버−리 쌋 타이

그는 태국 회사에서 근무하고 있어요.

เขาว่ายน้ำอยู่ในสระว่ายน้ำ

카오 와−이 남 유− 나이 싸 와−이 남

그는 수영장에서 수영하고 있어요.

예문 3) 두단어를 다 써서 현재진행을 강조하는 경우

เขากำลังใช้ห้องน้ำอยู่

카오 깜 랑 차이 허−ㅇ 남 유−

그는 지금 화장실을 사용하고 있어요.

เรากำลังปีนเขาอยู่

카오 깜 랑 삐−ㄴ 카오 유−

우리는 지금 등산하고 있어요.

เขากำลังดูแลลูกของเราอยู่

카오 깜 랑 두− 래− 루−ㄱ 커−ㅇ 라오 유−

그는 지금 우리의 자식을 돌보고 있어요.

표 현   따 라 하 기

คุณทำงานในบริษัทวันละกี่ชั่วโมงคะ

쿤 탐 응아−ㄴ 나이 버−리 쌋 완 라 끼− 추−어 모−ㅇ 카

당신은 회사에서 하루에 몇시간 근무해요 ?

8 ชั่วโมงครับ

빼-ㅅ 추-어 모-ㅇ 크랍

8시간요.

ตั้งแต่กี่โมงถึงกี่โมงคะ

땅 때- 끼-모-ㅇ 틍 끼- 모-ㅇ 카

몇시부터 몇시까지예요?

ตั้งแต่สามโมงเช้าจนถึงห้าโมงเย็นครับ

땅 때- 싸-ㅁ 모-ㅇ 차오 쫀 틍 하- 모-ㅇ 옌 크랍

아침 9시부터 저녁 5시 까지예요.

คุณทำงานอาทิตย์ละกี่วันคะ

쿤 탐 응아-ㄴ 아- 팃 라 끼- 완 카

당신은 일주일에 몇일간 근무해요?

อาทิตย์ละหกวันครับ

아- 팃 라 혹 완 크랍

일주일에 6일이요.

แต่เราทำงานครึ่งวันในวันเสาร์ครับ

때- 라오 탐 응아-ㄴ 크릉 완 나이 완 싸오 크랍

그러나 토요일에는 반나절만 근무해요.

บริษัทของคุณมีโรงงานกี่โรงคะ

버-리 쌋 커-ㅇ 쿤 미- 로-ㅇ 응아-ㄴ 끼- 로-ㅇ 카

귀사는 몇개의 공장을 갖고 있어요?

มีโรงงานเดียวครับ

미- 로-ㅇ 응아-ㄴ 디-야오 크랍

단 한개의 공장을 갖고 있어요.

เป็นโรงงานอะไรคะ

뻰 로-ㅇ 응아-ㄴ 아 라이카

무슨 공장이에요?

เป็นโรงงานผลิตเครื่องจักรชนิดต่าง ๆ ครับ

뻰 로-ㅇ 응아-ㄴ 팔릿 크르-엉 짝 차닛 땅따-ㅇ 크랍

각종 기계 생산 공장이에요.

มีช่างอะไรบ้างคะ

มี– ช–อ อ่ ไร บ๊–อ คะ

무슨 기술자가 있어요 ?

มีช่างเครื่องกับช่างเหล็กครับ

มี– ช–อ ครื–อง กับ ช–อ เหล็ก ครับ

기계 공과 철공이 있어요.

ช่างเหล่านี้ควรเตรียมอะไรคะ

ช–อ เหล่า นี้– คว–ร เตรี–ยม อ่ ไร คะ

이들 기술자는 무엇을 준비해야 해요 ?

เขาควรเตรียมหมวกกันภัยครับ

เขา คว–ร เตรี–ยม หมว–ก กัน ไพ ครับ

그는 안전모를 준비해야 해요.

คุณเคยทำงานในบริษัทสาขาประจำต่างประเทศไหมคะ

คุณ คย– ทำ งาน ไน บริ–ษัท ส–า–คา– ประ จำ ต่–าง ประเทศ ไม่ คะ

당신은 해외지사에서 근무해 본 적이 있어요 ?

ผมเคยทำงานในบริษัทสาขาประจำประเทศไทยครับ

ผม คย–ทำ งาน ไน บริ–ษัท ส–า–คา–ประ จำ ประเทศ ไทย ครับ

저는 태국 지사에서 근무한 적이 있어요.

문제풀기

1.다음 각 문장을 현재진행 조동사를 사용하여 태국어로 번역하시오.

1) 당신은 지금 어디에서 무슨일을 하고 있어요 ?

2) 그는 지금 사무실에서 손님을 접대하고 있어요.

3) 우리 기술자는 공장에서 중기계 상품을 생산하고 있어요.

4) 그는 지금 이 회사의 태국지사에서 근무하고 있어요.

5) 우리화사는 이번에 약 15명의 신입사원을 모집하고 있어요.

6) 우리는 요즈음 전세계 각국의 토착상품을 수집하고 있어요.

7) 당신은 지금 누구한테 무슨 편지를 쓰고 있어요 ?

8) 당신은 그 일을 언제부터 추진해 내려오고 있어요 ?

9) 그는 지금 주태 한국대사관에서 근무하고 있어요.

10)당신은 지금 태국에서 무슨 사업을 하고 있어요 ?

2.다음 각 문장을 태국어로 번역하시오.

1) 귀사의 해외 지사 근무기간은 몇년이에요 ?

2) 기술자는 공장에서 안전모와 안전화를 준비해야 해요.

3) 우리는 공장을 시찰할때 보안경과 안전벨트를 착용해야 해요.

4) 우리회사는 2006년에 태국의 수도 방콕에 지사를 설치했어요.

5) 그는 우리회사의 태국지사에서 근무하고 있어요.

6) 우리회사는 정수기와 세탁기와 같을 각종 일상생활 용품을 판매해요.

7) 우리회사의 신입사원 입사시험 경쟁율은 비교적 높은 편이에요.

8) 우리공장은 각종 기계 부품을 생산해요.

9) 우리회사는 지난달에 약 10여명의 신입사원을 모집했어요.

10)귀사는 자동차 생산 공장을 언제 설립했어요?

บทที่ 19

การใช้อวัยวะร่างกาย
신체기관사용

ในจมูกมีอะไรบ้างคะ

나이 짜무-ㄱ 미- 아 라이 바-ㅇ 카

มีน้ำมูกกับขี้มูกครับ

미- 남 무-ㄱ 깝 키-무-ㄱ 크랍

เราใช้อะไรฟังเสียงคะ

라오 차이 아 라이 황 씨-양 카

เราใช้หูฟังเสียงครับ

라오 차이 후- 황 씨-양 크랍

ในหูมีอะไรบ้างคะ

나이 후- 미- 아 라이 바-ㅇ 카

มีขนหูกับขี้หูครับ

미- 콘 후- 깝 키-후- 크랍

เรายกของด้วยอะไรคะ

라오 욕 커-ㅇ 두-워이 아 라이 카

ด้วยมือครับ

두-워이 므- 크랍

ที่มือมีอะไรบ้างคะ

티- 므- 미- 아 라이 바-ㅇ 카

มีนิ้วมือ เล็บมือ และลายมือครับ

미- 니-유 므- 렙 므- 래 라-이 므- 크랍

เราใช้อะไรเดินถนนคะ

라오 차이 아 라이 드ㅓ-ㄴ 타 논 카

เราใช้เท้ากับไม้เท้าเดินถนนครับ

라오 차이 타오 깝 마이 타오 드ㅓ-ㄴ 타 논 크랍

ที่เท้ามีอะไรบ้างคะ

티- 타오 미-아 라이 바-ㅇ 카

มีนิ้วเท้ากับเล็บเท้าครับ

미- 니-유 타오 깝 렙 타오 크랍

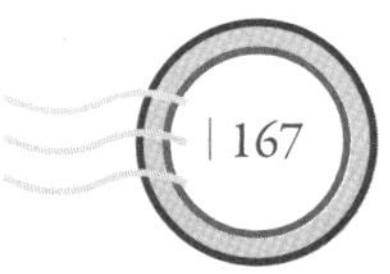

우리의 신체는 무엇으로 구성되어 있어요 ?
뼈와 살 그리고 피로 구성되어 있어요.
머리에는 무엇이 있어요 ?
머리카락과 비듬이 있어요.
우리는 무엇으로 책을 읽어요 ?
눈과 입으로요.
눈에는 무엇이 있어요 ?
안구와 속눈썹이 있어요.
입에는 무엇이 있어요 ?
치아와 혀가 있어요 .
우리는 무엇으로 냄새맡고 호흡해요 ?
코로요.
코에는 무엇이 있어요 ?
콧물과 코딱지가 있어요.
우리는 무엇으로 소리를 들어요 ?
우리는 귀로 들어요.
귀에는 무엇이 있어요?
귓털과 귓밥이 있어요.
우리는 무엇으로 물건을 들어요 ?
손으로요.
손에는 무엇이 있어요 ?
손가락과 손톱 및 손금이 있어요.
우리는 무엇으로 길을 걸어요 ?
우리는 발과 지팡이로 걸어요.
발에는 무엇이 있어요 ?
발가락과 발톱이 있어요 .

1 단계

● ○ ○ ○ ○

단 어   익 히 기

รางกาย[라-ㅇ 까-이]	신체
ศีรษะ[씨- 싸]	머리
เส้นผม[쎈- ㄴ 폼]	머리카락
รังแค[랑 캐-]	비듬
ใบหน้า[바이 나-]	얼굴
หน้าผาก[나- 파- ㄱ]	이마
ตา[따-]	눈

คิ้วตา[키-유 따-]	눈썹
ขนตา[콘 따-]	속눈썹
น้ำตา[남 따-]	눈물
จมูก[짜무-ㄱ]	코
น้ำมูก[남 무-ㄱ]	콧물
ขี้มูก[키-무-ㄱ]	콧 딱지
ปาก[빠-ㄱ]	입
ริมฝีปาก[림 휘- 빠-ㄱ]	입술
ฟัน[환]	이
ลิ้น[린]	혀
คาง[카-ㅇ]	턱
แก้ม[깨-ㅁ]	볼
หู[후-]	귀
ขี้หู[키- 후-]	귓밥
ขนหู[콘 후-]	귓털
หนวด[누-엇]	콧수염
เครา[크라오]	턱수염
จอน[쩌-ㄴ]	구렛나루
มือ[므-]	손
เล็บมือ[렙 므-]	손톱
นิ้วมือ[니-유 므-]	손가락
เท้า[타오]	발
นิ้วเท้า[니-유 타오]	발가락
เล็บเท้า[렙 타오]	발톱
แขน[캐-ㄴ]	팔
ขา[카-]	다리
อก[옥]	가슴
นม[놈]	젖

ท้อง[터-ㅇ]   배

สะดือ[싸드-]   배꼽

문 법 배 우 기

피동형조동사

피동형 조동사는 한 문장안에서 홀로는 그 주어를 서술하지 못하고 다른 본동사의 앞
에와서 그 본동사의 피동을 나타내는 동사로, 태국어의 피동형 조동사에는 동작자를 나
타내는 단어 앞에 "ถูก"이나 "โดน" 이라는 피동형 조동사를 쓴다

นักโทษคนนั้นถูกตำรวจจับแล้ว
낙 토-ㅅ 콘 난 투-ㄱ 땀 루-엇 짭 래-오
그 범인은 경찰에 체포되었어요.

สินค้าชิ้นนั้นถูกลูกค้าขโมยแล้ว
씬 카-친 난 투-ㄱ 루-ㄱ 카 카모-이 래-오
그 상품은 이미 고객에게 도둑맞았어요.

นักเรียนคนนั้นถูกครูตีหลายครั้งแล้ว
낙 리-얀 콘 난 투-ㄱ 크루- 띠- 라-이 크 랑 래-오
그 학생은 선생한테 여러번 매맞았어요.

เราเกือบถูกรถไฟชน
라오 끄-업 투-ㄱ 롯 화이 촌
우리는 거의 기차에 치일뻔 했어요.

เสื้อตัวนี้ถูกฝนเปียกหมด
쓰-어 뚜-어 니- 투-ㄱ 혼 삐-약 못
이 옷은 비에 맞아 모두 젖었어요.

เขาโดนคนขโมยล้วงกระเป๋าเงินแล้ว
카오 도-ㄴ 콘 카모-이 루-엉 끄라 빠오 응어-ㄴ 래-오
그는 도둑한테 돈지갑을 도난당했어요.

นักการเมืองคนนั้นโดนประชาชนฟ้องแล้ว

낙 까–ㄴ 므–엉 콘 난 도–ㄴ 쁘라 차– 촌 훠–ㅇ 래–오
그 정치가는 국민에게 고소당했어요.

นักเลงคนนั้นโดนตำรวจซ้อมหลายครั้งแล้ว

낙 레–ㅇ 콘 난 도–ㄴ 땀 루–엇 써– ㅁ 라–이 크랑 래–오
그 건달은 경찰한테 여러번 구타당했어요.

คนขับรถคนนั้นโดนตำรวจจราจรจับแล้ว

콘 캅롯 콘 난 도–ㄴ 땀 루–엇 짜라–쩌–ㄴ 짭 래–오
그 운전기사는 교통경찰에 붙잡혔어요.

เราก็เคยโดนเพื่อนคนนั้นโกงเงินครั้งหนึ่งแล้ว

라오 꺼 크ㅓ–이 도–ㄴ 프–언 콘 난 꼬–ㅇ 응어–ㄴ 크랑 능 래–오
우리도 그 친구한테 한번 돈을 사기당한 적이 있어요.

표 현 　따 라 하 기

ตาของเราประกอบด้วยอะไรครับ

따– 커–ㅇ 라오 쁘라꺼–ㅂ 두–워이 아 라이 크랍
우리의 눈은 무엇으로 구성되어 있어요 ?

ประกอบด้วยลูกตา ขนตาและคิ้วค่ะ

쁘라꺼–ㅂ 두–워이 룩– 따– 콘 따– 래 키 유– 카
안구와 속눈썹 및 눈썹으로 구성되어 있어요.

ในจมูกของเรามีอะไรบ้างครับ

나이 짜무–ㄱ 커–ㅇ 라오 미– 아 라이 바–ㅇ 크랍
우리의 코안에는 무엇들이 있어요 ?

มีขนจมูกกับน้ำมูกค่ะ

미– 콘 짜무–ㄱ 깝 남 무–ㄱ 카
콧털과 콧물이 있어요.

ในหูของเรามีอะไรบ้างครับ

나이 후– 커–ㅇ 라오 미– 아 라이 바–ㅇ 크랍
우리의 귀에는 무엇들이 있어요 ?

มีช่องหูกับขี้หูค่ะ

มี- ช่อ-ง หู- กับ ขี้- หู- ค่ะ

귓구멍과 귀밥이 있어요.

ในปากของเรามีอะไรบ้างครับ

나이 빠-ㄱ 커-ㅇ 라오 미- 아 라이 바-ㅇ 크랍

우리의 입에는 무엇들이 있어요 ?

มีฟันกับลิ้นค่ะ

미- 환 깝 린 카

이와 혀가 있어요.

แขนของเราประกอบด้วยอะไรบ้างครับ

캐-ㄴ 커-ㅇ 라오 쁘라꺼-ㅂ 두-워이 아 라이 바-ㅇ 크랍

우리의 팔은 무엇들로 구성되어 있어요 ?

ประกอบด้วยข้อศอกกับข้อมือค่ะ

쁘라 꺼-ㅂ 두-워이 커- 써-ㄱ 깝 커-므- 카

팔꿈치와 손목으로 구성되어 있어요.

ขาของเราประกอบด้วยอะไรบ้างครับ

카- 커-ㅇ 라오 쁘라꺼-ㅂ 두-위이 아 라이 바- 크랍

우리의 다리는 무엇들로 구성되어 있어요 ?

ประกอบด้วยน่อง หัวเข่าและข้อเท้าค่ะ

쁘라 꺼-ㅂ 두-워이 너-ㅇ 후-어 카오 래 커-타오 카

장딴지와 무릎 및 발목으로 구성되어 있어요.

หน้าอกของเรามีอะไรบ้างครับ

나-옥 커-ㅇ 라오 미-아 라이 바-ㅇ 크랍

우리의 가슴에는 무엇들이 있어요 ?

มีนมกับหัวนมค่ะ

미-놈 깝 후-어 놈 카

젖과 젖꼭지가 있어요.

แล้วท้องของเรามีอะไรบ้างครับ

래-오 터-ㅇ 커-ㅇ 라오 미- 아 라이 바-ㅇ 크랍

그럼 우리배에는 무엇들이 있어요 ?

มีสะดือกับเอวค่ะ

미- 싸드- 깝 에-오 카

배꼽과 허리가 있어요.

ใต้เอวของเรามีอะไรบ้างครับ

따이 에-오 커-ㅇ 라오 미- 아 라이 바-ㅇ 크랍

우리허리 밑에는 무엇들이 있어요?

มีสะโพกกับขาค่ะ

미-싸 포-ㄱ 깝 카- 카

엉덩이와 다리가 있어요.

문 제 풀 기

1.다음 각 문장을 피동형조동사 "ถูก" 또는 "โดน" 을 사용하여 태국어로 번역하시오.

1) 한글날은 우리나라의 공식국경일로 규정되었어요.

2) 태국은 여러번 버마의 침투를 당한 적이 있어요.

3) 그 범인은 전동차 안에서 체포되었어요.

4) 우리회사는 여러번 국제시장에서 사기당한 적이 있어요.

5) 그 사업가는 전에 한 법원에 고소당한 적이 있어요.

6) 우리 차는 어제 종로 4가에서 버스에 치일뻔했어요.

7) 우리는 이제까지 교통사고 당한적이 한번도 없어요.

8) 우리는 그 자료를 여러번 분실당한적이 있어요.

9) 우리는 비에 홍수당한 적이 두세번 있어요.

10) 우리는 부모님한테 매맞은 적이 여러번 있어요.

2.다음 각 문장을 태국어로 번역하시오.

1) 우리는 눈으로 책을 보고 입으로 책을 읽어요.

2) 우리는 코로 각종 냄새를 맡아요.

3) 우리는 수저로 밥과 반찬을 먹어요.

4) 우리는 귀로 듣고 입으로 말해요.

5) 우리는 손으로 물건을 들어 올려요.

6) 우리는 왼손에 책을 들고 오른손에 펜을 잡아요.

7) 우리는 눈으로 글을 보고 머리로 기억해요.

8) 우리는 물로 세수하고 수건으로 닦아요.

9) 우리는 화장지로 코를 풀고 손수건으로 땀을 닦아요.

10) 우리는 양말과 구두를 신은 발로 걸어요.

การท่องเที่ยวต่างประเทศ
해외관광

จะเดินทางไปไหนคะ
짜 드ㅓ-ㄴ 타-ㅇ 빠이 나이 카

จะเดินทางไปประเทศไทยครับ
짜 드ㅓ-ㄴ 타-ㅇ 빠이 쁘라테ㅅ 타이 크랍

โดยสายการบินอะไรคะ
도-이 싸-이 까-ㄴ 빈 아 라이 카

โดยสายการบินไทยครับ
도-이 싸-이 까-ㄴ 빈 타이 크랍

คุณมีกระเป๋าทั้งหมดกี่ใบคะ
쿤 미- 끄라빠오 탕 못 끼- 바이 카

มีใบเดียวครับ
미-바이 디-야오 크랍

ขอดูหนังสือเดินทางกับตั๋วเครื่องบินค่ะ
커- 두- 낭 쓰- 드ㅓ-ㄴ 타-ㅇ 깝 뚜-어 크르-엉 빈 카

อยู่นี่ครับ
유- 니- 크랍

กรุณาเปิดกระเป๋ามือถือให้ตรวจด้วยค่ะ
까루 나- 쁘ㅓ-ㅅ 끄라 빠오 므- 트-하이 뜨루-엇 두-워이 카

นี่ครับ เปิดแล้ว
니- 크랍 쁘ㅓ-ㅅ 래-오

กรุณายกมือขึ้นทั้งสองข้างให้ตรวจด้วยค่ะ
까루 나- 욕 므- 큰 탕 써-ㅇ 카-ㅇ 하이 뜨루-엇 두-워이 카

เรียบร้อยแล้วค่ะ
리-압 러-이 래-오 카

เชิญขึ้นเครื่องบินได้เลยค่ะ

츠ㅓ-ㄴ 큰 크르ㅓ-엉 빈 다이 르ㅓ-이 카

เครื่องบินลำนี้จะไปถึงเมืองไทยกี่โมงครับ

크르ㅓ-엉 빈 람 니- 짜 빠이 틍 므-엉 타이 끼-모-ㅇ 크랍

ประมาณสี่โมงเย็นค่ะ

쁘라마-ㄴ 씨- 모-ㅇ 옌 카

สายการบินไทยนี้แวะประเทศไหนหรือเปล่าครับ

싸이 까-ㄴ 빈 타이 니- 왜 쁘라테-ㅅ 나이 르- 쁠라오 크랍

แวะประเทศฮ่องกงค่ะ

왜 쁘라테-ㅅ 허-ㅇ 꽁 카

งั้นจากที่นี่ถึงเมืองไทยใช้เวลานานเท่าไรครับ

응안 짜-ㄱ 티- 니- 틍 므-엉 타이 차이 웨-ㄹ 라 나-ㄴ 타오 라이 크랍

ประมาณ 6 ชั่วโมงค่ะ

쁘라마-ㄴ 혹 추-어 모-ㅇ 카

จากสนามบินไปถึงโรงแรมเอเชียใช้เวลานานเท่าไรครับ

짜-ㄱ 싸나-ㅁ 빈 빠이 틍 로-ㅇ 래-ㅁ 에-씨-아 차이 웨-ㄹ라- 나-ㄴ 타오 라이 크랍

ประมาณ 40 นาทีโดยรถแท็กซี่ค่ะ

쁘라마-ㄴ 씨- 씹나- 티- 도-이 롯 택 씨- 카

ท่านจะพักอยู่ในโรงแรมนานเท่าไรคะ

타-ㄴ 짜 팍 유- 나이 로-ㅇ 래-ㅁ 나-ㄴ 타오 라이 카

สี่คืนห้าวันครับ

씨- 크-ㄴ 하- 완 크랍

กรุณากรอกชื่อ สัญชาติและอาชีพลงในแบบฟอร์มนี้ค่ะ

까루 나- 끄러-ㄱ 츠- 싼 차-ㅅ 래 아-치-ㅂ 롱 나이 배-ㅂ 훠-ㅁ 니- 카

นี่ครับกรอกเสร็จแล้วครับ

니-크랍 끄러-ㄱ 쎗 래-오 크랍

นี่ค่ะ กุญแจห้อง

니- 카 꾼 째- 허-ㅇ

ขอบคุณครับ

커-ㅂ 쿤 크랍

어디로 여행 가세요 ?
태국으로 여행가요.
무슨 항공편으로요 ?
타이 한공으로요.
가방이 모두 몇개예요 ?
단 하나예요.
여권과 비행기표를 보여 주세요.
여기 있어요.
손가방을 검사하게 열어 주세요.
여기 열었어요.
두손을 검사하게 올려 주세요.
됐어요.
비행기 타셔도 돼요.
이 비행기는 태국에 몇시에 도착해요 ?
약 저녁 4시예요.
이 타이 항공은 다른 나라에 들려요 ?
홍콩에 들려요.
그럼 여기서 태국까지 시간이 얼마나 걸려요 ?
약 6시간요.
공항에서 아시아 호텔까지 시간이 얼마나 걸려요 ?
택시로 약 40분 걸려요.
선생님은 이 호텔에서 얼마나 오래 있을 거예요 ?
4박 5일요.
이 서식에 이름과 국적 및 직업을 기록하세요.
여기 다 기록했어요.
방 열쇠 여기 있어요.
감사합니다.

1 단계

단 어 익 히 기

ท่องเที่ยว[터-ㅇ 티-야오]]	관광하다
เดินทาง[드ㅓ-ㄴ 타-ㅇ]	여행하다
หนังสือเดินทาง[낭 쓰- 드ㅓ-ㄴ 타-ㅇ]	여권
ตั๋วเครื่องบิน[뚜-어 크르-엉 빈]	비행기표
สนามบิน[싸나-ㅁ 빈]	공항
สายการบิน[싸-이 까-ㄴ 빈]	항공편
กระเป๋า[끄라 빠오]	가방

กระเป๋ามือถือ[끄라빠오 므- 트-]	손가방
กระเป๋าเดินทาง[끄라빠오 드ㅓ-ㄴ 타-이]	여행가방
โรงแรม[로-ㅇ 래-ㅁ]	호텔
กรอก[끄러-ㄱ]	기재하다
สัญชาติ[싼 차-ㅅ]	국적
อาชีพ[아-치-ㅂ]	직업
แบบฟอร์ม[배-ㅂ 훠-ㅁ]	양식
กุญแจ[꾼 째-]	열쇠
จองห้อง[쩌-ㅇ 허-ㅇ]	방을 예약하다
ล่วงหน้า[루-엉 나-]	미리
พัก[팍]	묵다
เรียบร้อย[리-압 러-이]	완전하다
เสร็จ[쎗]	마치다

문 법 배 우 기

부정진술수식사

부정진술수식사는 질의 응답을 부정하는 수식사로, 태국어의 부정진술수식사에는 주로 동사나 수식사를 부정하는 "ไม่" 와 "มิ" (~이 아니다)라는 부정진술 수식사와 문장 전체를 부정하는 "เปล่า" (아니오) 라는 부정진술 수식사 및 금지령을 나타내는 구어의 "อย่า" (~하지 마라)와 문어의 "ห้าม" ~(금지)라는 부정진술 수식사 등이 있다.

1)부정진술 수식사 "ไม่" 와 "มิ"

เขาไม่ชอบทุนนิยมแบบใหม่

카오 마이 처-ㅂ 툰 니 욤 배-ㅂ 마이

그는 신자본주의를 좋아하지 않아요.

เขามิยอมเสียสละตัวเองเพื่อประเทศชาติ

카오 미 여-ㅁ 씨-야 쌀라 뚜-어 에-ㅇ 프-어 쁘라테-ㅅ 차-ㅅ

그는 국가를 위해서 자신을 희생하려하지 않아요.

เขาเขียนหนังสือภาษาไทยไม่สวย

카오 키-얀 낭 쓰- 파- 싸- 타이 마이 쑤-워이

그는 태국어 글씨를 예쁘지 않게 써요.

2)부정진술 수식사 "เปล่า"

예문 **คุณหิวข้าวไหม**

쿤 히-유 카오 마이

당신은 시장해요 ?

เปล่า (ฉันไม่หิวข้าว)

쁠라오 (찬 마이 히-유 카-오)

아니오 (나는 시장하지 않아요.)

คุณเป็นคนไทยหรือ

쿤 뼨 콘 타이 르-

당신은 태국 사람이에요 ?

เปล่า (ฉันไม่ใช่คนไทย)

쁠라오(찬 마이 차이 콘 타이)

아니오. (나는 태국 사람이 아니에요.)

คุณชอบดื่มเหล้าใช่ไหม

쿤처-ㅂ 드-ㅁ 라오 차이 마이

당신은 음주를 좋아하지요 ?

เปล่า (ฉันไม่ชอบดื่มเหล้า)

쁠라오 (찬 마이 처-ㅂ 드-ㅁ 라오)

아니오. (나는 음주를 좋아하지 않아요.)

3)부정진술 수식사 "อย่า"

예문 **อย่าพูดโกหก**

야- 푸-ㅅ 꼬- 혹

거짓말하지 말아 !

อย่าวิ่งเล่นในห้อง

야- 윙 레-ㄴ 나이 허-ㅇ

방에서 뛰놀지 말아!

อย่านั่งหลับในห้องเรียน

야- 낭 랍 나이 허-ㅇ 리-얀

교실에서 졸지 말아!

4)부정진술 수식사 "ห้าม"

ห้ามสูบบุหรี่

하-ㅁ 쑤-ㅂ 부리-

금연!

ห้ามข้ามถนน

하-ㅁ 카-ㅁ 타논

횡단 금지!

ห้ามเลี้ยวซ้าย

하-ㅁ 리-야 오 싸-이

좌회전 금지 !

표 현 따 라 하 기

จะเดินทางไปไหนคะ

짜 드ㅓ-ㄴ 타-ㅇ 빠이 나이 카

어디로 여행가겠어요 ?

จะเดินทางไปประเทศไทยครับ

짜 드ㅓ-ㄴ 타-ㅇ 빠이 쁘라테-ㅅ 타이 크랍

태국으로 여행가요.

จะพักอยู่ที่นั่นนานเท่าไรคะ

짜 팍 유- 티- 난 나-ㄴ 타오 라이 카

거기서 얼마나 오래 있을 거예요 ?

ประมาณห้าคืนหกวันครับ

쁘라마-ㄴ 하- 크-ㄴ 혹 완 크랍

약 5박 6일이요.

จะไปพักที่ไหนคะ

짜 빠이 팍 티– 나이 카

어디에 투숙할 거예요?

จะไปพักที่โรงแรมแมนฮาตันครับ

짜 빠이 팍 티– 로–ㅇ 래–ㅁ 매–ㄴ 하– 딴 크랍

맨하탄 호텔에 투숙할 거예요.

คิดค่าพักแรมคืนละเท่าไรคะ

킷 카– 팍 래–ㅁ 크–ㄴ 라 타오 라이 카

숙박비가 하루에 얼마예요 ?

คืนละพันบาทครับ

크–ㄴ 라 판 바–ㅅ크랍

하루에 1,000밧이에요.

ใครเป็นผู้นำทางคะ

크라이 뻰 푸– 남 타–ㅇ 카

누가 안내자예요 ?

มีมัคคุเทศก์ต่างหากครับ

미– 막 쿠테–ㅅ 따–ㅇ 하–ㄱ 크랍

여행가이드가 따로 있어요 .

จะไปชมอะไรบ้างคะ

짜 빠이 촘 아 라이 바–ㅇ 카

무엇을 관람할 거예요 ?

จะไปชมเมืองโบราณและของที่ระลึกชนิดต่าง ๆ ครับ

짜 빠이 촘 므–엉 보–라–ㄴ 래– 커–ㅇ 티– 라 륵 차 닛 땅 따–ㅇ 크랍

고전도시와 각종 기념품을 관람할 거예요.

คุณเสียค่าเดินทางเท่าไรคะ

쿤씨–야 카– 드ㅓ–ㄴ 타–ㅇ 타오 라이 카

여행비가 얼마 들었어요 ?

ประมาณหมื่นกว่าบาทครับ

쁘라마–ㄴ 므–ㄴ 꽈– 바–ㅅ 크랍

약 10,000여 밧이에요.

ขอให้เที่ยวให้สนุกนะคะ

커-하이 티-야오 하이 싸 눅 나 카

재미있게 관광하세요.

ขอบคุณครับ

커-ㅂ 쿤 크랍

감사합니다.

4단계

문 제 풀 기

1.다음 각 문장을 해당 부정진술 수식사를 사용하여 태국어로 번역하시오.

1) 우리는 아직 비행기표와 여권을 준비하지 못했어요.

2) 태국의 날씨는 덥지만 답답하지가 않아요.

3) 태국에서는 차가 좌측통행한다는 사실을 잊지 말아야 해요.

4) 우리는 태국에서 태국사람의 머리를 만지지 말아야 해요.

5) 저는 아직 태국에 가본적이 없어요.

6) 외국에 갈 때 항상 설사약과 감기약 준비하는 것을 잊지 마세요.

7) 아니오, 우리는 한번도 약속시간을 어긴적이 없어요.

8) 외국에 갈때 그 나라의 기념품을 사오는 것을 잊지 말아요.

9) 사무실이나 공공장소에서 흡연하지 마세요.

10) 횡단 금지!

2.다음 각 문장을 태국어로 번역하시오.

1) 우리는 20 kg이 넘으면 화물 운송료를 지불해야 해요.

2) 이 서식에 이름과 국적 및 체류장소를 적으시오.

3) 여기서 인천공항까지 택시로 얼마나 걸려요 ?

4) 비행기에서 내린 후 5번 출구로 나가시오.

5) 비행기가 뜨고 내릴때 반드시 안전벨트를 매세요.

6) 검사하도록 가방을 열고 두손을 올려 주세요.

7) 비행기 안에는 비행사실과 승객실 및 요리실이 있어요.

8) 우리는 비행기표를 예약할때 여권과 주민등록증을 준비해야 해요.

9) 우리는 이 호텔을 이미 팩스로 예약했어요.

10) 비행기안에는 비행사와 승무원 및 승객이 있어요.